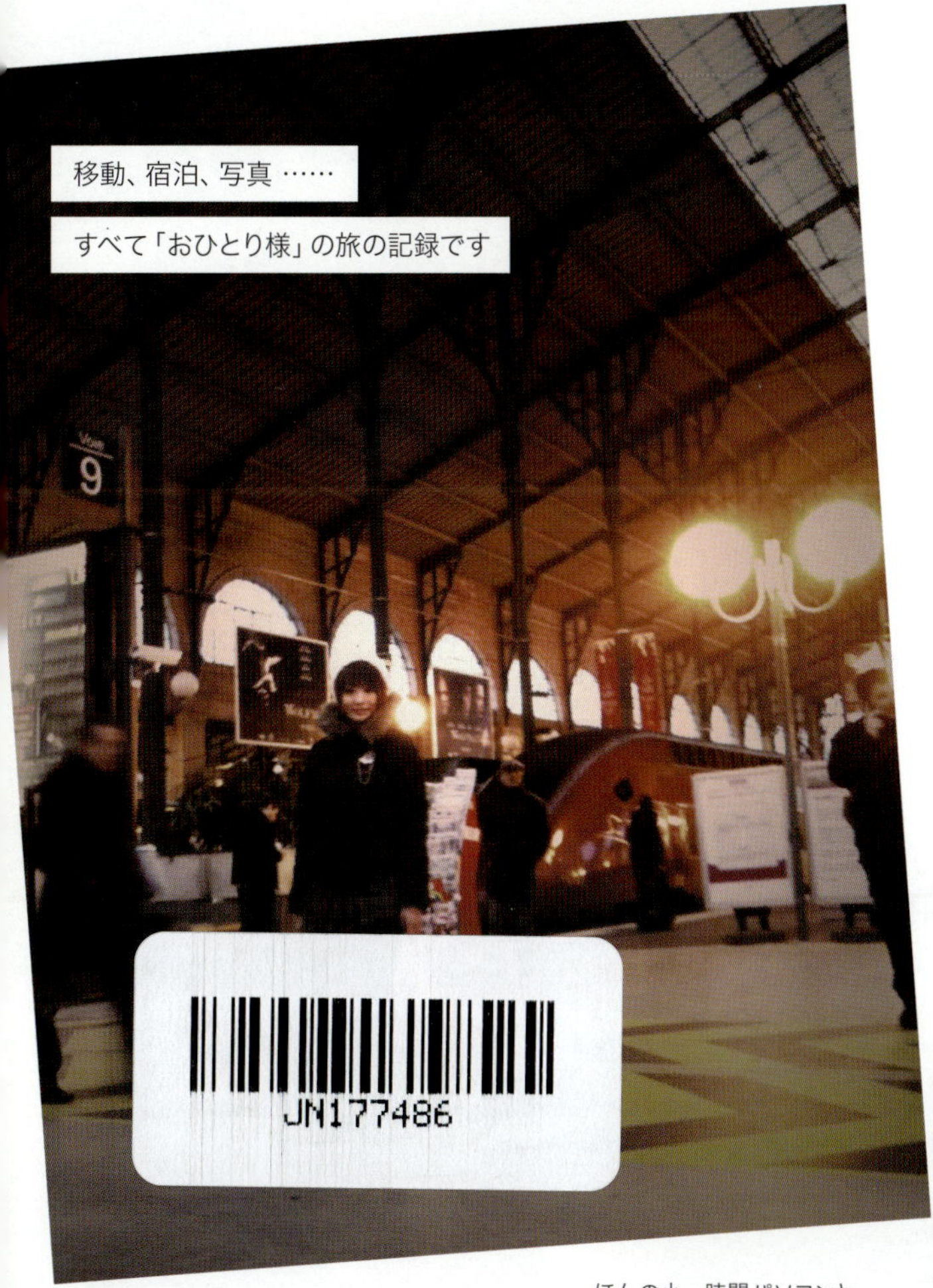
移動、宿泊、写真……
すべて「おひとり様」の旅の記録です
9

（パリ北駅にて）

ほんの小一時間パソコンと
向き合っただけで、
パリへの扉がつながる音が、
聞こえた気がしました。

（イスタンブール グランドバザールにて）

一歩引いて見てみれば、
私の人生に起きている出来事なんて
そうたいしたことじゃないよなぁ……
なんて、考えさせられてしまいます。

（グランドキャニオンにて）

「旅は自由でいい」と思うと、
おのずと「人生も自由でいい」と
考えられるようになったのも、
ひとり旅の大きな収穫です。

自分の知らない世界がどこまでも
続いているワクワク感と、
その世界を自由に冒険できるというドキドキ感。
ずっとこんな気持ちを追い続けていきたい。

世界をひとりで歩いてみた

女30にして旅に目覚める

眞鍋かをり

文庫版のためのまえがき

私の旅エッセイ『世界をひとりで歩いてみた』が、旅行にも携帯しやすい文庫本になりました！

30歳で遅咲きの〝ひとり旅デビュー〟を果たしてから、早いものでもう6年。初めてのひとり旅で味わった感動が忘れられず、次々といろんな国を旅するようになり、訪れたのは20カ所以上にのぼります。

どの旅もそれぞれ忘れがたい思い出として心に残っていますが、実はこれ、ただの旅日記ではありません。「人生に行き詰まった30女がいったん何もかもリセットして、最初の一歩を踏み出したときの記録」とでも言いましょうか。

あの頃の私は、仕事でもプライベートでも大きな挫折を味わい、毎日が不安でいっぱい。

その反面、真っ白な未来を自分の足で歩いていけるという希望に満《み》ち溢《あふ》れ、不安を上回るワクワクを感じてもいました。そのときにハマったのが、ノープランで行くひとり旅。知らない場所を手探りで、トラブルに巻き込まれながらも自分の判断で自由に進んでいけるひとり旅を、これからの人生に重ね合わせていたのかもしれません。

ホテルのチェックインさえ右往左往していた初めてパリを皮切りに、ベトナム、ギリシャ、トルコ、ＬＡなどを訪れ、この本を出版したあとにもカンボジアやミャンマー、南仏やモナコ、スペインのバスク地方など、いろいろな場所を旅して、旅本第２弾『眞鍋かをりの世界ひとり旅手帖』まで出すことができました。

本当にひとりで行ってるの？
カメラマンやコーディネーターと撮影しながらの「芸能人の旅本」なんじゃないの？

――なんて思われたりすることもありますが、正真正銘、すべて自費のプライベート旅行。撮影はiPhoneカメラだし、私が入った写真を撮っているのは通りすがりの人たちです(笑)。

感動したり楽しいこともたくさんあったけれど、決してそれだけじゃない。けっこう無謀なこともしちゃったし、危険な目にも遭《あ》いました。それに、基本的には仕事のスケジュールが空いたときにフラっと行く弾丸旅行だから、「1泊でハワイ」だとか、「ビール祭りに参加するためだけに滞在24時間でミュンヘン」なんて旅も……。今、思い返してみると、なんて身軽だったんだろう……と、クラクラしてしまいます。

でもあのとき、ゼロから再出発するつもりで人生をリセットした私は、ひとり旅をしていたからこそ、前を向き続けることができました。海外旅行で自分探しをしようなんて微塵《みじん》も思っていなかったけれど、世界のいろんな場所で、いろんな人に出会い、いろんな文化に触れることで、それまで自分を縛《しば》りつけていた窮屈《きゅうくつ》な価値観から解放され、生きるのが楽になったような気がします。

子育てという旅を満喫する日々

そんなふうに過ごすうち、仕事の面でもたくさんのご縁に恵まれ、いつしか素晴らしい環境で充実した毎日を過ごすことができるようになりました。そしてプライベートでも、最高のパートナーを得て子どもにも恵まれ、現在は幸せな日々を送っています。あのときのように身軽ではなくなってしまったけれど、いま私の手の中にあるのは、たくさんの大切なものたち。それを形作ったのは、間違いなくあのキラキラしたひとり旅の時間です。だからいまとなっては、不安を抱えながらもピョンピョンと身軽に飛び回っていた数年間を、とても眩《まぶ》しく、そして愛《いと》おしく感じます。

この本を出版してから、サイン会やお手紙などでたくさんの感想を頂戴しました。ひとり旅が大好きなので共感しまくりでした！　という方から、一度も海外旅行をしたことがないので行きたくなりました！　という方まで、さまざまいらっしゃいましたが、その中でも特に嬉しかったのは「人生の転機に読んで勇気づけられた」という声が本当に多かったこと。仕事を変えたり、長年付き合った恋人と別れて留学したり……状況は人それぞれですが、みなさん新しい環境へ飛び込む不安が希望に変わっていく心境を、熱くしたためてくれていました。

知らない国をひとりで歩いてみるときのドキドキワクワクする気持ちは、新しい環境へ飛び込んでいくときの気持ちによく似ています。旅の中で感じることや得られる経験は、生きるうえでも大きなヒントになるのかもしれません。

現在、まだ生まれたばかりの赤ちゃんを育てている最中ですが、初めてのことばかりで不安になったり、予想外のことが起きてパニックになったり、それをなんとか乗り越えたり、慣れてくると自信がついて嬉しくなったり……これって、まるで旅のようだなあ、と感じています。

海外にはしばらく行けていないけれど、いまはこの「子育て」という面白い旅を思いきり満喫してやろうと思っています。そしていつか、自分のひとり旅の話を子どもにも聞かせたり、一緒に旅をしたりできる日を楽しみに……。

そのときにはまた、なんらかの形でご報告できればいいなと思います。

では、みなさんもよい旅を！

２０１６年春

眞鍋かをり

目次

第四章　危険な目にも遭いました……　145

装丁　藤原英康

本書に掲載されている写真はすべて著者の撮影ならびに私蔵のものです。

第一章

女30にして、ひとり旅に目覚める

ゼロからのスタート！　目指すはパリ

「パリに行くぞ！」

これが、人生をリセットしようと決めた私の、最初の目標でした。それは、私が29歳のときのこと。今まで自分が積み重ねてきたものをいったん整理し、新たな環境で30代の一歩を踏み出そうと決心したのです。

大学進学のため上京してすぐに渋谷の吉野家でスカウトされ、右も左もわからないまま、18歳で芸能界に飛び込んで10年……。苦労話はあまりしたくないけど、本当にいろんなことがありました。いつも現場では自分の力の足りなさに自己嫌悪、それに加えて、極端に自由の少ない環境、ハードなスケジュール、幾度となく経験した、信用していた人からの裏切り……。常にストレスと疲労を抱えて過ごした20代。心や身体のバランスを崩したのも1度や2度ではありません。

このまま30代を迎えるのか、それとも思い切って人生をリセットするか。限界を迎えていた私が選んだ道は、後者。この先の人生を後悔しないために、それまでお世話になった事務所を辞め、すべての仕事をストップしたのです。

30になろうとしている女が、独身だというのにいったん仕事を辞める……。ものすごく勇気のいる決断ではあったけど、不思議と不安や後悔はありませんでした。それはたぶん「今の環境でできることは、限界までやりきった」と、自分自身、100%納得していたからだと思います。

こうして、未来がまったくの白紙になった私がまずしようと思ったこと。それが「ひとり旅」。行ったことのない場所に行って、見たことのないものを見て、知らなかった世界を感じたい！　完全な自由を体験してみたい！　それは、**ずっと狭い世界の中でもがき続けてきた私が、そのとき一番望んでいたこと**でした。

しかし…！　恥ずかしながらこの私、実は、それまで海外どころか都内での電車の乗り方もろくに知らなかった女です（爆）。長いこと車やタクシーでの生活に慣れてしまっていて、数年ぶりに電車に乗ろうとしたときには券売機の前で立ち往生してしまうありさま。このままではいけないと、人生をリセットしようと決めてからは猛スピードで東京の公共交通機関をマスターし、どこへ行くにも電車やバスを乗り継いで、Googleマップ片手に初めての場所にもなんとか行けるようになりました。これが、実際にやってみるともう楽しくて楽しくて！　自由に飢《う》えていた私にとっては、そんな当たり前のことでさえも「冒険」のように感じられたのです。
そんなとき、本屋さんで偶然手に取ったのが、『パリ・メトロ散歩』という1冊の本。ずっと憧《あこが》れていたパリの街をメトロでまわる……。そんな旅を紹介しているガイドブックでした。

ツアー、旅行会社を使わないという選択肢

パリ行きを決めたのは、なんと出発の1週間前！　最後の仕事のスケジュールがなかなかハッキリせず、確定が出たときは、もう年末も慌《あわ》ただしくなってきた頃でした。それでも、1週間前ならまだ大丈夫だろうとタカをくっていた私。それまでプライベートの海外旅行といえば、家族で行ったグアムくらいしか経験がないし、手配するにも何もかもが手探り状態。「とにかく、海外に行くなら旅行代理店に電話だ！」と、まずは大手の代理店に電話をかけてみました。

ところが、電話口のお姉さんから返ってきた回答は……「フランスはいまクリスマス休暇

中で現地の代理店が営業していないので、提携ホテルに空きがあるかどうか確認することができません」というもの。

な、な、なんだとー!?　そんなこと、まったく想定していなかったぞ……！　やっぱり、この時期に1週間後の予約をしようというのは、無茶な話なのか……？

しかし、そんな私に、電話の向こうから運命のひとことが。

「飛行機の空席はありますので、ネットなどの予約サイトを使ってご自身でホテルを取っていただくという方法なら、ご旅行は可能かと……」

ホント!?　そんな方法あるの!?　だったらそうします！　自分でホテル予約しちゃう！

自分では思いつきもしなかったけど、まさかそんな旅のやり方があったなんて。

もし、あのときに旅行代理店がうまく手配をしてくれていたら、自分で旅をコーディネートするようになるのはもっとずっと先になっていたかもしれません。運命的なタイミングって、あるんだなあ。

さっそくパソコンを開き、ネットでホテル予約サイトを検索。有名どころのagoda、Booking.comといったサイトを比較し、その中から私が選んだのは、Booking.com。登録ホテル数の多さはもちろん、サイトの見やすさと日本語対応の優秀さが決め手でした。検索画面に日程と宿泊人数を入力すれば、条件に合った空室が一覧で表示されるというシステム。調べてみると、私の希望の日程で、空室のあるホテルが出てくる出てくる！「とにかく、パリまで行けば泊まる場所はあるんだ」。その事実が、私のパリへ行きたいという情熱にさらに火をつけます。年始のパリはどこも宿泊料が高く、私はお値段がお手頃な、小さな3つ星ホテルを予約しました。

宿が決まれば、次は航空券の予約。旅行代理店からは「飛行機はうちでおさえられます」と言われたけど、「どうせパックツアーじゃないんなら、自分でネット予約したほうがいいんじゃない？」と、直接、航空券の予約サイトでパリ行きの便を検索してみることに。せっかくいいアドバイスをくれたのに、旅行代理店のお姉さん、ごめんよ……。

さっそく、いくつかのサイトを比較してみたところ、一番使い勝手が良かったのがＪＴＢの航空券予約ページ。日程や希望の時間帯など、条件を入力するとそれに合った空席のみが表示されるので、非常に合理的でわかりやすい！　これなら、検索にひっかかった便をそのまま即予約することができます。クレジットカードで支払いをして、メールでｅチケットを受け取れば、あとはそれをプリントアウトするだけ。

そんなこんなで、ホテルも航空券もあっという間に手配完了。

「あれ？　できちゃった！　飛行機もホテルも、自分でとれちゃったよ！」

私の中では「遠い憧れの土地」だったパリが、ほんの小一時間パソコンと向き合っただけで、一気に現実のものに。パリへの扉がつながる音が、聞こえた気がしました。

納豆巻きが出発の合図

パリへの出発は、２０１０年1月1日の早朝でした。前夜、大みそかの夜中にリセット前の最後の仕事を終え、自宅マンションに入ろうとしてふと空を見上げると、そこには、見事なまでの綺麗《きれい》な満月。「ああ、これで今までの時間が終わるんだ」と、胸に迫るものがありました。同時に「これから新しい時が始まりますよ」って言われているような気がして……。あの日の満月は、一生忘れられません。

元日の朝になると、なんだかまるで、物語の章が変わったかのように爽《さわ》やかな空気。まぶしく輝く初日の出を浴びながら、新たな一歩をパリで踏み出すため、成田空港へと向かいました。

せっかくの旅立ちの日、どうせなら景気よくいこうじゃないかと、朝食は空港のお寿司屋さんで、門出のにぎり寿司（笑）。安直な考えではありますが、これをきっかけに、「出発前のお寿司」がひとり旅前に毎回必ずする、私の「儀式」になりました。そして最後は必ず、日本人らしく納豆巻きで〆《しめ》る。そうすると「いよいよ出発だ！」という気分になれるんです。

飛行機に乗り込んで座席に着いたときは、ただただ心がときめいていました。それまで自分が築いてきたもの、悩んでいたこと、不安、葛藤《かっとう》……すべて日本に置いて、心のままにパリを楽しんでやるぜ！　って。こんなに何もかもがキラキラして感じたのは、地元、愛媛《えひめ》から夜行バスに乗って上京したとき以来だったかも。

とはいっても、実は今回、厳密に言うと完全なひとり旅というわけではありませんでした。私には「姉さん」と呼んで慕《した》っている10年来の親友がいるのですが、彼女は昔パリに留学をした経験があり、フランス語もペラペラ。お正月休みに久々にパリへ行くというので、日程を合わせて、一緒に行ってもらうことにしたのです。

姉さんは、私がデビューしてすぐの頃から、今回のリセットまでをずっと傍《そば》で見ていてくれた人。いったん仕事を休んでパリに行きたいと相談したときも、心から応援してくれていました。現地ではお互いホテルもバラバラで、日によって別行動もするので、今回は言ってみれば「半分ひとり旅」のような感じ。それでも、そのときの私にとっては「大冒険」であることに違いなかったのです。

飛行機から見たパリの灯

パリのシャルル・ド・ゴール国際空港に到着したのは、現地時間の夜7時。姉さんと一緒に、空港から市内へと向かうロワシーバスに乗り、まずはホテルを目指します。郊外を抜け、街が近づいてくるにつれ、窓の外にはだんだんとヨーロッパを感じる風景が。

「ああ、とうとう私、パリに来たんだなぁ……！」

憧れのパリの灯を前に、ボルテージも上がります。

オペラ座周辺でバスを降りると、その日はそこでいったん解散。それぞれのホテルへ向かうため、姉さんがタクシーを停めてまず私を乗せ、窓の外から運転手さんに住所を伝えてくれました。タクシーが走りだすと、ここからは本当にパリにひとりぼっち。ずっとワクワクしっぱなしだった私でも、さすがに緊張と不安がよぎります。

タクシーの運転手さんは若い黒人の方で、ガタイが大きく、かなりのコワモテ。まるでハリウッド映画に出てくるSPみたいで、運転しているだけでもかなりの迫力です。そんな方と車内でふたりきりという初めての状況に、後部座席の私は終始ガチガチ！

「万が一何かされても、この体格差じゃ絶対に逃げられないぞ……」

と、物騒《ぶっそう》な心配をしていたものの、実際にはそんなこと、まったくの取り越し苦労。その運転手さんはとてもいい人で、慣れないそぶりで乗車している私に、優しい口調でいろいろと話しかけてくれました。

しかし……その言葉は全部、フランス語！　当然彼が何を言っているのかさっぱりわからず、焦《あせ》った私は、フランス語で暗記していた自分のホテルの住所をただ繰り返すのみ。だけど、どうしてもフランス語のRの発音ができず、運転手さんに伝わらない（泣）。あの特有の、タンをからませるようなRの音……とっても難しいですよね。結局、口頭で住所を伝えるのを諦《あきら》めて、地図にマークしてあったホテルの場所を指し示し、なんとか無事目的地に到着することができました。あらかじめ地図に印をつけておいて良かった〜！　こうしておけば、タクシーで言葉が通じなくても最悪、大丈夫（笑）。

ちなみに、Rの発音はそのあと猛特訓したおかげで、今ではなかなかうまくできるようになりましたよ（笑）。

「できた！」初めてのチェックイン

白い壁に赤い窓枠が可愛らしい小さなそのホテルには、ドアマンの姿もなく、入口の扉は手動式。さっそくノブに手をかけ、ドアを開けようとしたところで、どうしたものかと一瞬躊躇《ちゅうちょ》してしまいました。外国でホテルのチェックインをするだけでも緊張するのに、自分でやったネットの予約が本当にとおっているのかも、ちょっと不安。さらに、何といってもここはパリ。もし、フランス語しか通じなかったらどうしよう……！　いろいろな心配を抱えつつ、思い切って中へと入っていくと、フロントから、ブロンドヘアーが綺麗な受付の女性が「ボンソワー（こんばんは）」と声をかけてきました。

（キャー！　フランス語！）

内心すごくビビりつつも、とりあえずこちらも同じように「ボンソワー」と返事。私にとって、生まれて初めてのボンソワー（笑）。しかし、そこからどうしたらいいのかがまったくわからず、ヘラヘラと薄ら笑いを浮かべたまま、軽く挙動不審になる私。数秒の沈黙のあと、「そうだ！　とにかくまずは予約の紙を見せなければ！」と気づき、プリントアウトして持ってきた予約の詳細の紙（バウチャー）を取り出し、フロントの机に置きました。

そんな私の様子から、彼女は「この人、動揺してるな」と状況を察したらしく、「OK!」とひとこと言うと、そのあとは英語に切り替えて、テキパキと手続きを進めてくれたのでした。

パスポートでの身分証明を済ませると、次は朝食の場所や時間、部屋までの行き方など、宿泊に関する基本的な内容をひととおりレクチャー。でもこのとき、彼女の早口の英語がいまいちよく聞き取れなかったんです……。ガチガチに緊張しているうえに、なにしろ海外で初めてのチェックイン。ホテルの受付で最初にどんなことを言われるかがわかっていればヒアリングもしやすいのですが、このときの私にとって、彼女の説明を理解するのはとても難しいことでした。

半分ほどしか意味がわからなかったものの、とりあえずわかったふりをして、チェックインは無事に完了。部屋まで荷物を運んでくれたイケメンホテルマンさんの「ボンニュイ♡(おやすみなさい)」という挨拶《あいさつ》に、またもや人生初の「ボンニュイ」をオウム返しして、チップを1ユーロ渡しました。そして部屋のドアが閉まりひとりきりになった瞬間……その場で小さくガッツポーズ!(笑)

やった!! できた!! 私、パリのホテルをひとりでチェックインしたぜー!

海外で、初めてチェックインできたことが本当に嬉しくて、そのあまりの達成感に感動すら覚えてしまうほど。今では初めての国でもチェックインで緊張することはなくなったけど、このときの気持ちは、忘れることができません。

そして、そのあと何度か旅をして気づいたのが、「どこの国でもチェックインのときに言われることはだいたい決まってる！」ってこと。

・何泊するか
・部屋への行き方
・朝食の場所と時間
・デポジット（保証金）の有無

と、こんなところ。言われる内容があらかじめわかっていれば、英語に自信がなくても、チェックインが怖くなくなりますよね（笑）。

使える！　海外旅行の必需品

さあ、部屋に入ってしまえばもう安心！　ここがパリでの私の城。小さな小さなそのお城には、必要最低限の家具と、こぢんまりとしたシャワールーム、赤いカバーがかかったベッド。花柄の壁には可愛い猫の絵が飾ってあって、まるでフランス映画に出てくる女の子の部屋みたい！　ああ、数ある選択肢の中からこのホテルを選んだ私、マジでグッジョブ……！

ひと息ついたところで、スーツケースから化粧品を出し、シャワーを浴びにバスルームへ。熱いお湯に包まれると、長旅の疲れがどんどん洗い流されていくようです。ひとつ「失敗したな」と思ったのは、スリッパを持っていかなかったこと。海外では、高級ホテルじゃない限り、スリッパは置いていないことが多いんですよね。お風呂上がりにまた靴を履《は》くのは気持ち悪いし、床を裸足《はだし》で歩くのも嫌だったので、このときはずっとつま先立ちで歩いていました。それ以来、海外に行くときは絶対スリッパを持っていくようにしています。

今回、初めてのひとり旅ということで気合いを入れて荷造りをしたつもりだったけど、慣れていないせいか不要なものを持って行ってしまったり、逆に、スリッパのように必要なものを持って行ってなかったり……。例えば、除菌グッズや裁縫《さいほう》セットなどは「もしかしたら使うかも」と持って行ったけど、結局一度も使わなかったし、もし必要になってもよっぽどの僻地《へきち》じゃない限りそこら中で買えるんですよね。海外旅行にはあれこれ持って行きたくなるものだけど、**現地で買えばいいものは、なるべく持って行かない！**　これ、鉄則です。

そして、何度も旅をするうちに、「あると便利なもの」というのもだんだんわかってきました。次に挙げるのは、私がいま必ず海外に持って行くものベスト5！

1　モバイルバッテリー

どこでもすぐに携帯の充電ができるので、これがあると本当に安心！　最近は軽くて薄くて大容量のものがたくさん出ています。

2　折り畳みボストンバッグ

現地で買い物をしすぎてスーツケースにものが入りきらない……なんてこと、よくあります。小さく折り畳んだバッグを入れておけば、お土産《みやげ》をいっぱい買ってしまっても大丈夫。

3　薬

外国の薬は強過ぎることが多いので、胃薬や鎮痛剤など、基本的なものはなるべく日本から持って行ったほうがベター。以前、イギリスでアレルギー性鼻炎の薬を買って、あまりの強さにフラフラになったことがあります（笑）。

4　三つまた変換プラグ

変圧器と合わせて、あるといいのがコレ。携帯やデジカメなど、ホテルで同時に充電することが多いので、必ずセットで持って行きます。

5　ジップロック（ファスナー付きビニール袋）

何枚かあると、なにかと重宝します。ものを小分けにするときにも役立つし、ひとりだと食べきれないものも、残した分を保存しておけるので便利。

うまく荷造りをするには、やっぱり「慣れ」が大事です。何度も失敗を繰り返すうち、自分にとってベストな荷造りが見つかるはず。私も、まだまだ研究中です。

外国での散歩は人が少ない朝がオススメ

初めてのパリの朝、目を覚ましたのはまだ午前6時前。時差ぼけのせいか、海外ではどうしても早い時間に目が覚めてしまいます。起きた瞬間にまず感じたのは、「私、今、どこにいるんだろう?」という不思議な感覚。そのうち、じわじわと自分がパリにいるのだという実感がわいてくると、嬉しくて楽しくて、天井を見つめたまま思わずニンマリ。

姉さんとは「お昼ごろまでゆっくり寝て、起きたら連絡を取り合おう」と約束をしていたのですが、テンションの上がった私はどうしても昼まで待ちきれず、姉さんと落ち合う前に、ひとりで外を散歩してみることに! さっきまでチェックインもやっとだった私が、その数時間後にはパリの街のひとり歩きに挑戦です! (笑)

とはいえ、ホテル周辺の様子がどうなっているのかも皆目見当がつかず、このエリアに関する知識もゼロ。まずは周囲の様子を確認しようと、iPhoneでGoogleマップをひらき、現在地をチェックしてみることにしました。

実は私、今回のパリ旅行のために、初めてiPhoneを購入したんです! それまではずっとガラケーを使っていたのですが、慣れない海外でスイスイ動くには絶対にスマホが必要になるだろうと、当時まだiPhoneが少数派だった中、旅のために iPhone 3GSを契約。これがあれば、初めての土地にひとりぼっちでも、まあ何とかなるだろうとふんでいました。そして、その判断は大当たり！　地図やナビを使う以外にも、旅をしながら現地の情報をサクサク調べたりできるというメリットは、相当なものでした。

というわけで、さっそくiPhoneを使ってGoogleマップをチェック。現在地を確認してみると……なんとホテルの近くには、あの有名な凱旋門《がいせんもん》が！　マップによると、凱旋門を中心にいくつもの道が放射線状に延びていて、その中の1本の道が私のいる場所までつながっているではありませんか。

「距離にしておよそ徒歩15分と見た！　よし、行ってみよう！」

そうと決めたらすぐに朝のシャワーを浴びて、お散歩の支度。部屋を出る頃には午前7時を回っていて、朝のお散歩をするにはちょうどいい時間になっていました。

大きな凱旋門をひとりじめ

ホテルの外に一歩出てみて、まずびっくりしたのは、その寒さ！　道路はところどころ凍っていて、履いていたムートンブーツの中にまで冷気が伝わってくるほど。まだ日の昇らないひっそりとしたパリの街並みの中に、1台のゴミ回収業者のトラックだけが機械的な音を発していました。

白い息を吐きつつ歩いて行くと、目に入ってくるのはいかにもパリといったイメージの、可愛らしくディスプレイされた雑貨屋さんやパン屋さんのショーウィンドウ。まだお店はどこも開いていないけど、その街並みはとても綺麗で、歩いているだけで幸せな気分になってしまいます。

石畳の冷たい道をまっすぐ歩くことおよそ15分。放射線状の道の中心にたどり着くと、それは突然、私の視界へと飛び込んで

ライトアップされた凱旋門の美しさに、心を奪われた瞬間。私、パリに来てる！（2010年1月2日）

きました。まだ薄暗いパリの空の下、綺麗にライトアップされてそびえたっている、巨大な凱旋門。その大きさと迫力はもちろんのこと、壁面に施《ほどこ》されたダイナミックかつ繊細な彫刻がそれはそれは美しくて、一目見た瞬間に圧倒されてしまいます。車も人もほとんどいない、早朝のパリの街で、壮麗な凱旋門をひとりじめ……。そのときの私には、こうしてパリまでやってきて、ひとり凱旋門を見上げているということが、まるで月まで到達したかのように感じられるのでした。

「旅慣れている人にとっては小さな一歩だが、眞鍋にとっては大きな一歩だ」。気分はもはや、アームストロング船長です（笑）。

「フランス」で「クロワッサン」を買う

ホテルへの帰り道。行きに見かけたパン屋さんが開店しているのを見つけ、中をチラリと覗《のぞ》き見すると、ショーケースにはこんがりと焼けた美味《おい》しそうなパンがいっぱい。

「おおー！　これがパリのパン屋さんかー！　ステキー！」

フランスのお洒落《しゃれ》なパン屋さんでクロワッサンを買う。これは、私が昔からずっと憧れていた、夢のシチュエーション。胸をときめかせながらお店に入っていくと、店員のおば様が「ボンジュール（こんにちは）」と素敵な笑顔でご挨拶。「キャー！　これこれ！　パン屋さんで『ボンジュール』って、一度はやってみたかったんだよね！」。私もすかさず、パリジエンヌ気取りで「ボンジュール」（笑）。

そして、注文するのはやはりクロワッサン。姉さんにもお土産にあげようと、クロワッサンをふたつ、買って帰ることにしました。

「クロワッサンは、フランス語だからそのままクロワッサンでいいんだよね……？　じゃあ〝ふたつ〟は？　……たしか、アン・ドゥ・トロワのドゥ。プリーズはフランス語でシルブプレだから……」。しばし頭の中で考えて、店員さんに、「ドゥ　クロワッサン　シルヴプレ（ふたつ、クロワッサン、ください）」と言ってみたところ……。

「ウィ、マダム」（はい、マダム）

通じた！

これが、私の初めてのパリでのお買い物。ふたつのクロワッサンを手に店を出るときの私は、まるで初めてのお使いをしてきた子どもみたいな顔になっていたかも（笑）。うまくできるかちょっと不安だったけど、成功したときは、本当に嬉しかったなあ……。

ちなみに、このときは勢い余ってにわかフランス語を使ってみたけど、実際、パリではだいたいの場所で英語が通じました。「フランス人は英語がわかっていてもわざとフランス語しか使わない」なんて都市伝説もありますが、それはたぶん昔の話。私が行ったときは、全然そんなことはなかったです。

でも、どこの国に行っても、現地の言葉を少しでも話してみるとすごく喜ばれるし、なるべくならその土地の言葉を積極的に使ってコミュニケーションをしたいもの。パリでは、暇《ひま》なときに旅行会話のアプリを眺めて「あ、これは使えるな」とか「次はこれ試してみよう」なんてやっているうちに、だんだんと話せる言葉が増えていくのが楽しかったな〜。お店では「Merci.　メルシー」（ありがとう）や「Au revoir.　オ　ヴォワー」（さようなら）、レストランでは「L'addition, s'il vous plaît.　ラディスィヨン　シルヴプレ」（お会計お願いします）など、気軽に使えそうなフレーズは、次々にトライすべし。日本人だって、外国の方が頑張って少しでも日本語を使おうとしてくれると嬉しく感じるものだし、逆だって、たぶんそうですよね！

パリのメトロで恐怖体験

パリの街めぐりでは、姉さんが先生になって、メトロの切符の買い方、乗り方など、ひとり旅の基礎を叩き込んでくれました。フランス語の駅名は難しいけど、乗り方は日本の地下鉄とまったく同じ。一度要領をつかんでしまえば、私でもすぐにパリのメトロを使いこなすことができました。

メトロに乗れば、パリの街歩きは本当に自由自在。気の向くまま歩いていても、道に迷っても、通りに「M（メトロ＝地下鉄）」のマークを見つければ、そこからすぐに乗り込んでどこにでも行くことができます。ポイントは「M」のマークと、駅の名前、そして「Sortie（出口）」の文字。これさえわかれば、メトロは全然怖くない！（笑）

しかし……、メトロを乗り回して気を良くしている私に、突然襲いかかった恐怖の出来事がありました。それは姉さんと別行動をしていたある日、ひとりでとある路線に乗っていたときのこと。

混んでいる車内であたりを見まわしていると、ドアの近くに立っていた浮浪者風の男が、なぜかジーッと私のほうを見ています。日本人の悪い癖で、つい彼に愛想笑いを返してしまったのが運のつき。すかさずその長髪男が隣までやってきて、超至近距離で私の顔をガン見してくるではありませんか……！　しかもその眼はトロンとしていて、完全に危ない人の目つき。

「こ、怖い!!!」

慌てて違う席に移動するも、男は私のあとをつけてきて、またもや隣に陣《じん》取ります。さらに席を移動しても、また隣に座ってガン見の繰り返し……。

「ヤバい……完全にロックオンされてる！」

海外の地下鉄で、眼がイッてる外国人の男に無言で見つめられる恐怖といったら……！　あまりの不気味さに震え上がった私は、次の停車駅で逃げるように車両を降り、猛スピードでホームを走って、なんとか男を振り切ることに成功しました。結局、何をされたというわけでもないけど、あの異常な目つきは本当に怖すぎ！　絶対、寿命が何年か縮まったよ～!!

でも、これはたぶん「メトロなんて余裕だぜ」と気が大きくなっていた私への戒《いまし》め。やはり、海外にいるときは常に「ここは日本よりも治安の悪い場所なんだ」ということを意識して、危機意識を持ち続けることが大切です。必要以上に怖がることはないけど、油断は絶

パリ市内を移動するにはメトロが便利。
乗り方は日本と一緒。すぐ覚えられます

対に禁物！

オペラ座を前に流れてくるのは花輪《はなわ》クンのテーマ？

パリに来たら絶対に見ておきたかったのが、オペラ座とルーブル美術館。メトロとGoogleマップを駆使するコツをつかんだ私がまず真っ先に向かったのが、最も有名な観光名所であるその2カ所でした。

オペラ座ではせっかくなら公演を見たいところですが、初めてのパリでひとりオペラというのはいくらなんでもハードルが高過ぎ。ならば内部の見学だけでもと、入り口で入場券を買い、オペラ座の中へと入っていきました。シャガールの天井画や大きなシャンデリア、いたるところに施された美しい装飾……。そこはもう、夢のように豪華絢爛《ごうかけんらん》な世界。３６０度すべてが壮麗過ぎて、鳥肌が立ってしまうほどでした。

それなのに、そのとき私の頭の中にずっと流れていたのは、アニメ『ちびまる子ちゃん』の花輪クンの家のシーンで必ず流れる、あのＢＧＭ。（知らない人にはわからないかもしれませんが……）。自分でも「もっと他にあるだろ！」と思ったけど、この曲が、私の中での一番の優雅さの表現なのかもね（笑）。

お約束のあの名画を見て

そして、芸術に疎《うと》い私も一度は行ってみたかった、ルーブル美術館。中庭のナポレオン広場に足を踏み入れると、さっそく見つけましたよ……。ガラスのピラミッド！　これが超有名なルーブル美術館のシンボルであり、メインの入り口になっています。このピラミッド入り口は、世界中からの観光客で長蛇の列。30分ほど並んでようやくチケットをゲットしましたが、実は、美術館の入り口は他にも何カ所かあり、そこは拍子抜けするほどあっさり入場できるんだとか。知らなくて損した……！

古代ローマの彫刻やイスラム美術、ヨーロッパの数々の宗教画を眺めながら、ゆっくりと館内を歩いてゆきます。芸術的なことはよくわからないけど、なんとなくいいなあと思ったものは有料で借りた音声ガイドを使い、日本語の解説を聞きつつ鑑賞しました。

さらに歩いていくと、遠くのほうに、何やらたくさんの人だかりができている場所を発見。「何だ何だ？」と近づいてみると、その人だかりの隙間《すきま》から見えたのは……あの有名なレオナルド・ダ・ヴィンチの名画！

そう、『モナ・リザ』!!

絵画に疎い私でももちろん知っている、あの歴史的な作品。それが今、私の目の前に！

……目の……前に……。

「……小っ……ちゃい!!!」

実際に目にした「モナ・リザ」は、想像していたよりもだいぶ小さく、絵が素晴らしいとかどうとかよりも、まずその小ささにビックリ。せっかくの名画を前にしてそんな感想しか出てこないのが私の審美眼《しんびがん》のなさを物語っていますが、本当にそれ以上何も感じ取ることができなかったんです……。ごめんね、ダ・ヴィンチ……。やはり「芸術は一日にしてならず」ということですかね（笑）。

➤現地ツアー「モン・サン・ミッシェルとノルマンディーの小さな村」

姉さんとパリでの過ごし方を話し合い、iPhoneで場所を調べて足を運んだのは、H.I.S.のパリ支店。今回、旅行代理店を使わずに個人旅行でパリに来たわけですが、H.

I．S．に来たのにはある目的がありました。それは、「パリ発着のモン・サン・ミッシェル観光ツアー」。言わずと知れたこの世界遺産は、フランスで最も有名な巡礼地。海に浮かぶように見えるその姿は「天空の城ラピュタ」のモデルになっているとも言われていて、ラピュタの大ファンである私にとっては、まさに聖地そのもの！「一度でいいからラピュタをこの目で見てみたい」というのが、子どもの頃からの私の夢だったのです。

数あるツアーの中から私たちが選んだのは、「モン・サン・ミッシェルとノルマンディーの村を訪ねる日帰りバスツアー」。目的地まで片道4時間ほどの道のりの途

テレビでしか見たことなかったルーブル美術館のピラミッド。
世界中から観光客が集まる人気スポット

中、ノルマンディー地方の美しい村に寄ってランチをするというもので、料金はおよそ130ユーロ（当時のレートで約1万7000円）。さっそく次の日の予約をお願いして、クレジットカードでツアー代金を支払い、H．I．S．を後にしました。

そして翌日、パリ出発は朝の6時半。まだ真っ暗なオペラ座前の広場に集合した私と姉さんは、40人ほどの日本人ツアー客とともに大型バスに乗り込み、モン・サン・ミッシェルへ向けて走り出しました。

フランスの高速道路を走ること、数時間。まず到着したのは、ノルマンディー地方にある小さな村。ここで、村に1軒だけというクレープ屋さんの「シュガーバタークレープ」が入ったランチボックスが配られ、1時間ほどの自由時間兼ランチタイムです。クレープを片手に、姉さんとのんびり村歩き。

ラブイユというその村は、セーヌ河のほとりにあり、何もないけどのどかで自然豊かな、素敵な場所。木組みの可愛いおうちが立ち並び、お花で彩《いろど》られた石畳の散歩道が小さな迷路のように入り組んでいます。歩いていると、まるで絵本の世界にいるみたい！

村の中心にある教会は、こぢんまりとしていてとてもアットホームな雰囲気。中にお邪魔させてもらうと、素朴であたたかい雰囲気に、なんだかほっこりと癒《いや》されます。「村の人は結婚式もお葬式も、全部ここで行なってきたんだろうね」。姉さんが、ポツリと言いました。ずっと昔から、このラブイユ村で繰り返されてきたであろう、人々の幸せや悲しみの営《いとな》み。ここに来ていなければ、一生思いを馳《は》せることなんてなかっただろうなあ。

そして、ノルマンディーといえば忘れちゃいけないのが「カマンベール村」という、カマンベールチーズ発祥の地。実は私、2010年に「チーズプロフェッショナル」というチーズの資格を取ったほどの超チーズおたくで、パリに憧れていたのも、個性豊かなフランスチーズが大好きだったから。

「カマンベール・ド・ノルマンディー」と呼ばれるカマンベールの元祖はこの地域でしか作ることを許されていない伝統的なチーズで、熟成によって作られた豊かな風味と独特の香りは、一般的なカマンベールチーズとは一線を画す、スペシャルな味。日本でも比較的手に入りやすいので、一度はご賞味いただきたい逸品です！　さらに、ノルマンディー地方の名産は、リンゴと乳製品。「お酒とチーズを産地で合わせる」というのはテッパンの食べ方なので、カマンベール・ド・ノルマンディーを食べるときには、リンゴのお酒「シードル」をぜひ、一緒にどうぞ。

「天空の城」モン・サン・ミッシェル

ラブイユ村を出発したバスは、いよいよ真の目的地、モン・サン・ミッシェルへ。バスの中で姉さんとイヤホンを片耳ずつにして聴いていたのは、天空の城ラピュタのテーマ曲「君をのせて」。ラピュタ気分を最高潮に盛り上げてから、満を持してモン・サン・ミッシェルを拝《おが》もうという作戦です（笑）。

バスガイドさんの「前方をご覧ください」という声に、窓の外を見てみると……視界の奥に浮かび上がってきたのは、海の真ん中にポツンとたたずむモン・サン・ミッシェルの姿！「ラピュタ」で見た世界観そのままに、神聖で圧倒的な存在感を放っています。

私たちはバスを降りて、いよいよ島の内部へ。石畳の通りにはたくさんのレストランやお土産物の店が並んでいて、ぶらぶらと散歩をしながら上っていくと、観光のメインである修道院にたどり着きます。歴史を感じる古い部屋や、海を望む回廊《かいろう》、そして美しい中庭。さらには、修道院の上から見る湾の景色も、また絶景！

ひととおり見学を終えると、次はモン・サン・ミッシェルの一番の名物、ふわふわのオムレツを食べにいくことに。世界的にも有名な「プラールおばさんのオムレツ」は、19世紀半ばにこのあたりで宿屋を営んでいたプラールおばさんが、訪れる巡礼者にオムレツを提供したのが始まりなんだとか。

期待に胸ふくらませてお店に入り、さっそくメニューを見てみると……た、高い！　オムレツと付け合わせのセットで、お値段は35～40ユーロ（約5000円）。さすが観光地。しっかりと足元を見てらっしゃる……！

しかし、ここまで来てオムレツを食べないで帰るなんて、ありえない！　私たちはきっちりと、名物のオムレツを堪能《たんのう》して帰ることに。注文してから待つことおよそ15分、とうとう目の前に、あの憧れのオムレツ

天空の城モン・サン・ミッシェルを前に、
頭の中に流れる曲は、
「ちきゅう～はま～わ～る～」

が……。

「で……でかいっ!!」

まず、運ばれてきたオムレツの大きさにびっくり！「こんなに大きいの、絶対に完食は無理！」。そう思ったものの、食べてみるとその食感は想像以上にふわっふわで、スフレのように軽〜い口当たり。最初の心配をよそに、ふたりはグローブみたいに大きなオムレツを残さずペロリと平らげてしまいました。

このツアーに参加してみて、発見したことがひとつ。それは、「私はパリのような都会よりも、田舎の旅のほうが好きかも」ということ。都会には都会の華やかな魅力があって素敵だけど、私は自然が多い田舎のほうが落ち着くし、自分の本能が喜んでいるような感じがしました。旅をすると、しだいに自分の「好み」みたいなものが見えてくるものですね。

パリへ帰る前にもう一度振り返って、夕陽に染まるモン・サン・ミッシェルを見納め。島の中に入ったときも素敵だと思ったけど、やはりモン・サン・ミッシェルは外からの眺めが一番魅力的だったなぁ……。

超お買い得なパリの「ソルド」

年明けのパリのデパートは、「ソルド」の真っ最中。日本で言うところの「セール」に当たるのですが、ソルドの魅力はなんといっても「日本では安くならない高級ブランドまで値下げする」こと！

プランタンや、ギャラリー・ラファイエットといったパリの有名デパートも、軒並《のきな》み「大幅割引」。姉さんに連れられてデパートのフロアに足を踏み入れたとたん、思わずわが目を疑いました。「プラダの靴が……半額!?」

フロアは戦場と化してい

私の顔くらいありそうな
「プラールおばさんのオムレツ」。
見た目よりずっと軽いのでぺろっと
食べられちゃいます

ました。どこの国でも女性の習性というのは変わらないようで、大勢の人ごみの中、お洒落で素敵なパリジェンヌたちが必死の形相《ぎょうそう》でセール品を品定め。人気のブランドは入場制限を設けて、行列を作るお客を順番に案内しています。

私も彼女たちに負けじとお目当てのブランドを次々とまわり、パンプスやらブーツやらを半額以下で大量ゲット！　戦利品を両手に抱え、良い買い物ができたと満足顔……だったのですが……。ここで、ある深刻な問題が発生！

「どうしよう……。ブーツを買いすぎてスーツケースに荷物が入らない！」

実はそのとき私が使っていたスーツケースは、海外用にしては小さく、持ってきた荷物だけでもうパンパン。安物で今にも壊れそうだし、靴を入れて持って帰る余裕なんて、まったくありません。

しかし、何といっても今日はソルド。スーツケースだって、もちろん大幅割引中！「ちょうど買い換えようと思っていたところだし、ここはひとつ新しいのをゲットするか」と、大きくて丈夫そうな黒の布スーツケースを7割引きの100ユーロ（約1万3000円）で購入。無事にソルドの戦利品たちを詰め込み、日本に持って帰ることができたのでした。

「部屋飲み」は、旅のとっておきの楽しみ

ある日の夕方、晩御飯に何を食べようか考えていると「毎晩外食するのもお金がかかるし、今日は部屋飲みにしよう！」と姉さんが言いだし、ふたりでスーパーへ買い出しに行くことに。そのとき初めてパリのスーパーに足を踏み入れた私は、そのお洒落さにびっくり！そこは、本当に魅力的な食材の宝庫でした。

美味しそうなサラミや生ハム、バゲットにワイン……。日本で買ったらかなり高くつきそうな輸入食材も、ここでは現地の人たちが日常的に楽しんでいるもので、当然、価格も庶民的。目についたものをひととおりカゴに入れ、ホテルの部屋ですぐに食べられるよう、カットした生野菜と「タラマ」と呼ばれるタラコのディップソースも購入しました。

調味料やスパイスも、容器がすごく可愛くて、女性なら絶対にテンションが上がるものばかり。値段も安いし、友達へのバラまき土産にちょうど良さそう！

そしてなんといっても、チーズおたくの私にとって、パリのスーパーはまさに天国。日本では専門店じゃないと手に入らないようなヨーロッパの伝統的チーズが、豊富に、しかも安く手に入るんです。

ここで、一気にチーズ魂に火がついてしまった私。買ったワインに合わせてブルー（青かび）やウォッシュ（独特の香りでクセが強い）などのチーズを見立て、数種類をバランスよく購入しました。フランスのチーズで一番おすすめなのが「コンテ」というハードチーズ。素朴で食べやすく、ミルクの優しい味わいの中にしっかりとしたコクとナッツのような香ばしさが感じられる、フランスで最もポピュラーなチーズです。

その夜、パリのプチ・ホテルの一室で、スーパーの食材をひろげた「ふたり女子会」が始まりました。チーズやサラミ、タラマをつけた生野菜をツマミに、ワインが進みます。買ってきた食材はどれも本当に美味しくて、お金はかかっていないのに、ものすごく贅沢《ぜいたく》な気分。ワインも、10ユーロ以下のテーブルワインでじゅうぶん。さすが「ワインが水より安い」と言われるワイン大国、フランス！

さすがだな、と思ったのは姉さんが日本から持ってきたソムリエナイフ。これがあれば、ワインの栓を抜くだけでなく、ナイフの部分でチーズを切ったり、パンに切り込みを入れてサンドイッチを作ったりと、いろんなシーンで活躍します。1本あると重宝《ちょうほう》するので、私もこれ以降、海外に行くときは必ず持っていくようになりました。ただし、飛行機に乗るときは必ずスーツケースに入れて預けること。手荷物にしてしまうと、危険物として没収されてしまいます。

「どうしよう」という新しい扉を開いていきたい

私が日本を発《た》つ前にもうひとつ、やろうと決めていたこと。それは「たったひとりでのベルギー旅行」。首都のブリュッセルへは、パリから「タリス」という綺麗なワインレッド色の高速列車に乗って、約1時間半。実質的には、これが私の本当の「初ひとり旅」となったのです。

ブリュッセルは、観光スポットがコンパクトにまとまっていて、とても歩きやすい街。「世界一豪華な広場」と言われるグランプラスを中心に、欧州最古のアーケードであるギャルリー・サンチュベール、サン・ミッシェル大聖堂など、ほとんどの見所が徒歩でまわれてしまいます。旧市街は中世の香りが色濃くただよっていて、眺めているだけでもため息が出てしまうほど。そんな素敵な街で、ひとり散歩を楽しんだり、街角で売られている熱々のベルギーワッフルを買い食いしたり、老舗《しにせ》のバーでベルギービールを堪能したり……。1日フルに使って、思いきりひとり旅を楽しんだ私。頼る人もなく土地鑑もまったくない場所で、ひとりでもこんなに旅を満喫できたことが、またひとつ、自分の中での自信に変わった気がしました。

パリへ戻ってからは、毎日いろんな街を見て歩いたり、姉さんのお友達と食事をしたりと、予定も決めず気ままにのんびり。夢のようだった8日間はあっという間に過ぎ、いよいよ日本への帰国の日です。

夜の飛行機に乗る前に、姉さんとふたり、オペラ座近くで最後の晩餐《ばんさん》。通りすがりに見つけたお洒落なレストランに入り、豪華に盛り付けられた生ガキや、ジューシーな鶏のローストをいただきながら、ワインに舌鼓《したつづみ》を打ちました。

「今回、パリに来て良かった。すごく久しぶりで懐かしかったし、思い出の場所にかをりちゃんと一緒に来られてほんとうに楽しかったよ」と、旅を振り返ってしみじみと言う姉さん。私も、姉さんと一緒にパリに来られて、本当に本当に良かった！

正直、姉さんと出会っていなかったら、私は今の仕事を続けていられたかどうかわからないというくらい、彼女はこれまでの人生で何度も私を救ってくれた人。18歳でデビューしてからずっと、周りに本音を話せる大人がおらず、芸能界のこともよくわからないまま不安な気持ちで仕事をしていた中、20歳の頃に出演したレギュラー番組でヘアメイクを担当していた姉さんと出会い、彼女が初めての、何でも安心して話せる良き理解者になりました。

それからというもの、仕事のことや恋愛のことなど、いつもお互いの気持ちをシェアしてきた私たち。どちらかに辛いことがあればすぐにレンタカーを借りて海へ行き（運転は姉さん）、そのつど一緒に人生の波を乗り越えてきて、気づけば早や10年。運命の旅となった今回のパリでも、姉さんにたくさん助けられ、彼女からいろんなものを得ることができました。ほんとに、この人は私の人生の重要なポイントに、いつもいてくれるんです。

私にとって、初めての経験となったパリ・ブリュッセルのひとり旅。毎日毎日、足が痛くなるまで歩いて、それでも全然疲れを感じないくらい、夢中で旅した8日間でした。この感覚は、子どもの頃に**「自転車で遠くまで行ってみたら、今まで知らなかった町を見つけた」**ときの感じによく似ているかも。自分の知らない世界がどこまでも続いてるワクワク感と、その世界を自由に冒険できるというドキドキ感。こんな気持ちを味わったのは何十年ぶりかなあ。

親友の姉さんが住んでいた街で、暮らすように旅できたのも本当に良かった。観光スポットを訪れるだけでなく、ただ散歩したり、気の赴《おもむ》くままにメトロに乗ったり。そんなふうに過ごせたからこそ、「旅って自由でいいんだな」と思えたような気がします。

そして何といっても、ひとり旅の魅力に取りつかれたのは**「できなかったことができた瞬間」**が本当に嬉しかったから。言葉が通じたとき、お店やホテルに入れたとき、チケットが買えたとき、無事に目的地に着いたとき……。「どうしよう」を一度乗り越えると、次からは「こうすれば大丈夫」に変わるんですよね。それが増えていくのが本当に楽しくて、次なる「どうしよう」を求めて、また新たな旅に出たくなってしまうのです。

日本に帰れば、リセットした人生がこれからどうなるのか、先の見えない毎日が待っています。でも、今回こんなに素敵な経験ができたおかげで、この先どんなことが起こっても、私にはキラキラした未知の世界がまだたくさんある、だから絶対に大丈夫、と思えるようになりました。

「辛いことがあったら、また旅に出ればいい。もし、人生どうしようもなくなったら、知ら

ない国でゼロからの生活をしてみるのも悪くないかも……！」

そう考えれば、日本に戻りまた新たな環境で、一から仕事を頑張っていくこともできる気がしたのです。

ああ、私、パリに来て本当に良かった！　そしてこれからも「自由なひとり旅」をどんどんしていこう。最後のパリの灯を眺めながら、そう心に決めたのでした。

帰りの飛行機での悪夢

思わぬ事件が起こったのは、帰りの飛行機の中。姉さんが「お腹痛い」とトイレへ閉じこもったかと思うと、席に戻ってくるなり「吐いた」とひとこと、そのままぐったりして動かなくなってしまいました。

「大丈夫!?　疲れが出て風邪ひいたのかなあ!?」と、姉さんの心配をしていたのも束《つか》の間。しだいに自分の体調もおかしくなってきて、体中から冷や汗が出るわ、吐き気がひどいわで、ふたりして悲惨な状態に。もしやこれは……**あの生ガキがあたったのか!?**

成田に到着して必死の思いで家に帰り、荷物を置いてすぐに病院へ直行。点滴をしてもらってなんとか回復することができましたが、まさか最後の晩餐でこんな目に遭《あ》うなんて……。あれは本当に辛かったなあ……。

人生のリセットからはじまった、記念すべき私のひとり旅デビュー。結局最後は、こんな形でオチがついたのでした。

第二章

スマホ1台で
旅は何倍も楽しくなる

逆境も自分の糧《かて》にしよう

パリから帰国し、またゼロからやっていくつもりで頑張ろうと決心した私は、新たな環境でお仕事を再開させることになりました。とはいえ、これまでの仕事を一度にストップしてしまった以上、周囲からの逆風も強く、メディアに事実ではないことを書かれたり、バッシングを受けたりと、大変な日々が続きました。しかし、そんな中でも私にオファーをくださった方々、応援してくださった方々がいて、その方たちのおかげで、少しずつお仕事ができるようになっていったのです。このときは本当に、たくさんの人に助けていただきました。今でもそういった方たちの温かさには、心から感謝しています。

それでもそれから1〜2年は、デビューしてからの忙しさが嘘のように、週に3日、お仕事があるかないか。あまりにも暇で不安になるかな……と思いきや、それならそれで、今しかできないことをやってみよう！ と、チーズの勉強をしたり、ライブやフェスに行ったり、毎晩のように飲み歩いたり（笑）。「とりあえず2年間は、今まで仕事に青春を捧げてきた自分へのご褒美《ほうび》期間」と決めて、この世の春か、というくらい、好きなことをして過ごしました。

逆境だからって、マイナスのことばかり考えて落ち込んでしまうのはもったいない。このとき、私がいつも心にとめていた松下幸之助《まつしたこうのすけ》さんの名言が「逆境もよし、順境もよし。要はその与えられた境遇を素直に生き抜くことである」というもの。今の状況を悲観するくらいならちゃんと受け入れて、自分のためになることをやろう。そう思ってまず一番に頭に浮かんだのは、やはり海外へのひとり旅でした。

4日間の休み。選んだ目的地はベトナム

パリの旅をきっかけに「自由な個人旅行の魅力」を知った私は、スイスやオーストラリア、韓国などいろいろな国を訪れ、旅のコツや楽しさを覚えました。そして、しだいに旅慣れてくると、わざわざ前もって計画しなくても、仕事の間にできた連休を利用して、弾丸でひとり旅に出るようになったのです。

今回の旅のスケジュールは4日間。マネージャーさんに仕事の予定を確認し、決定をもらったのは、出発1週間前。さっそく、4日間で行けるアジアの国を中心に、旅の目的地を探します。

「どうせだったら今まで行ったことのない国に行ってみたい！」

ということで、ロケで訪れたことのあるタイやインドネシア、香港などを除外して考えた結果、今回の行先はベトナムに決定！「旅行雑誌の特集にもよく載ってるし、ベトナムといえばホーチミンだよね」と、何の躊躇《ちゅうちょ》もなく、まずはホーチミン行きの割引航空券をおさえました。

しかし、日本や欧米に比べ経済水準の低い国にたったひとりで行くのはこれが初めて。治安の面でもかなり不安だし、いつもよりも慎重に計画を立てなければ……！

これまでの旅なら「どうせひとりで泊まるんだしホテルは3つ星くらいでいいや」となるところですが、今回は安全第一で、きちんとした良いホテルを予約することに。Booking.comで調べてみると、ホーチミン中心部には4つ星、5つ星の高級ホテルでも、1泊1万円台の部屋がたくさん出てきます。

そして、もうひとつ心配なのは現地での足。ホーチミンの公共交通機関は路線バスがあるくらいで、あまり発達していないため、パリのように「メトロでどこへでもスイスイ」というわけにはいかなさそう。幸い物価も安いことだし、移動の際には必ずタクシーを使うことに決めました。

初めての南国ひとり旅、果たしてスムーズに観光できるのか、ちゃんと楽しむことができるのか⁉　未知の世界にいざ、出発です！

やられた‼　ぼったくりタクシーの洗礼

今回も出発前に空港で「儀式」のお寿司を食べ、ANAの直行便に乗り込んでから7時間。ホーチミンのタンソンニャット国際空港に到着したのは、現地時間の夜11時過ぎ。

自動ドアから一歩空港の外に出たとたん、ムワッとした暑さと湿気に全身を包まれます。この南国特有のまとわりつくような空気。

ああ……東南アジアに来たんだなぁ……。

ホテルまではもちろん、タクシーでの移動。初めての国で、夜中にひとりタクシーに乗るのはちょっと不安だけど、「さすがに空港の乗り場から拾えば大丈夫でしょ」とタカをくっていた私。タクシー乗り場の係員に促《うなが》されるまま、1台のタクシーに乗り込みます。

ところが、乗った瞬間から、車内は何やら怪しげな雲行きに……。

最初にホテル名を告げ、地図を見せて「ここまで、いくらで行けますか？」と尋ねてみたものの、運転手さんは私の質問には答えずに「No problem, no problem.（大丈夫、大丈夫）」と繰り返すばかり。タクシーが夜のホーチミンへと走り出しても、メーターが動く気配はまったくありません。

あれ……？　なんだかこのタクシー……ヤバそう？

そんな私の不安をよそに、陽気にベトナム訛《なま》りの英語で話しかけてくる運転手。しかし、きれいな英語でも聞き取るのがやっとな私にとって、訛りのきつい英語を理解するのは至難の業！　ほとんど何を言っているのかわからず、焦りは増していくばかり……。

そのときでした。運転手が携帯電話でどこかに電話をかけ、ベトナム語でなにやら言ったかと思うと、タクシーがなぜかいったん停車し、いきなり助手席側のドアが開いて、なんと、見知らぬ男が乗り込んできたのです！

「なになになに⁉　何で乗車中に人が乗ってくるの⁉」

予想外の展開に、頭の中は大パニック。しかし、おびえる私をよそに助手席の男と運転手は楽しそうにおしゃべりをしています。どうやらふたりは友達同士のよう。だけど、お客を乗せている間に助手席に友達を乗せるなんて、アリなの⁉

あまりにも常識はずれなこの状況。もう、いっそのことタクシーを降りてしまおうかとも思ったけど、外は深夜の田舎道。降りても途方に暮れるだけです。

「これはもう、早いとこハッキリしておかねば……！」。そう思った私は、後部座席から身を乗り出して「メーターが回ってないです！　ホテルまでいくらですか??」と大きな声で何度も尋ねました。すると……！　助手席に乗っていた男がくるっと後部座席を振り返り、私に「いくら持ってる？」と聞いてきたのです!!

ぎゃー！　来たーーー!!!

背筋が凍るとはまさにこのこと。正直に持ち金の額を教えてしまったら、きっとゴッソリ取られるに違いありません。だけど、抵抗して危険な目に遭うのだけは絶対に避けなければ……。幸い、旅行用の財布の中には空港で換金した240万ドン（約1万円）だけ。私は日本円が入っている財布の存在を隠し、旅行用の財布を開いて、中身を男に見せました。

すると、財布の中の現金を指で数え、不満そうな顔で「これで全部？」と聞いてくる男。そうだと答えると、彼はそこから半分の120万ドン（約5000円）を抜き取り、「オッケー」と言って、ポンと財布を私に返しました。

普通だったら、空港から市内までは15万ドン程度（約700円）で行けたはず……。正直5000円は惜しいけど、この恐怖から解放されるなら安いもの。悔しい気持ちを抑えて、ここはおとなしく引き下がります。

とはいえ、無事にホテルに着くまでは決して安心できません。物騒な横道に入られないよう、注意深く身構えていると、助手席の男はそのまま車を降り、どこかへ行ってしまいました。

車内はまた、運転手と私のふたりきり。車が再び動き出すと、彼は何事もなかったかのように、再び親しげな口調で話しかけてきます。

車が賑《にぎ》やかな通りに入ると、「リッコー、リッコー」と意味不明の単語を繰り返しながら窓の外を指さす運転手。「リッコー……？」。まったく言葉を理解できていない私に、運転手は繰り返し「リッコー」を連発します。不思議に思ってその指の先を見てみると……そこにはネオンがまぶしい、たくさんの若者が集まっているお店が。

もしかして……、これは「ディスコ」!?　「リッコー」って、「ディスコ」のことだったの!?　そんなの、聞き取れるはずないじゃん！（泣）

お互いに英語をしゃべっているはずなのに、こんなにも意思の疎通《そつう》ができないなんて。恐るべし、ベトナム英語！　これからどうなるのか、本当に先が思いやられます……。

そうこうしているうちに、タクシーは無事ホテルに到着。後部座席のドアがあけられ、ホテルのドアマンに迎えてもらった瞬間「助かった……！」と、一気に緊張の糸がほどけるのを感じました。数千円も多く取られてしまったのは悔しいけど、こうして無事にホテルに着いただけでも良しとしなければ。ああ、でも…本当に怖かったよーーーー!!

ベトナムに着いて早々、心が折れかけた私ですが、なんとかホテルのチェックインを済ませ、スーツケースをポーターに預けて自分の部屋へ。5つ星の高級ホテルを選んだことが、そのときの私にとって唯一の心の救いです！（泣）

「よかった……！　ここは安全地帯だ！」

安堵《あんど》感に包まれたものの、さっきの恐怖のせいで私のテンションはだだ下がり。「ああ、ベトナム、もう嫌だ……明日から一歩も外に出たくない……」。そんな気持ちのまま、その日はシャワーを浴びて、フテ寝してしまったのでした。

しかしこの件、あとから調べてみたところ、完全に私の勉強不足が原因だったということが判明。実は空港からのタクシー移動には「タクシーチケット」というものがあり、まず空港カウンターで行先を告げて先に料金を払い、そのチケットをタクシーに渡して乗車する、というシステムが一般的なんだとか。私は何も知らず、チケットを買わずにそのまま乗ってしまったので、運転手に足元を見られ、あの助手席の男とグルになって料金を多めにとられたのでしょう。なんという不覚……！

ちなみに、市内を走っているタクシーはほとんどがメーター制で、流しの車でも安心して乗ることができました。ホーチミンでは優良だと言われている「ビナサン」「マイリン」という会社のタクシーを選ぶと、さらに安心だそうですよ。

海外の街歩きに強い味方　iPhone のオススメアプリ

翌朝、南国の強烈な陽の光で目を覚ますと、タクシーの一件で折れかけた心も、少しは回復していました。昨夜の出来事は恐ろしかったけど、夜が明けてしまえばもうこっちのもの。真っ昼間の大通りでは、悪者もそう簡単には悪事を働けないはず！　そう思って気持ちを奮い立たせると、身支度を整えて、さっそくホーチミンの中心部へと繰り出します。

日本の真夏など比べ物にならないくらい強い日差しのなかを歩くと、一瞬で体中の毛穴が開き、吹き出してくる大量の汗。タンクトップはびちょびちょになり、顔に塗っているファンデーションはすぐに溶けてなくなってしまうほど。太陽の光が肌に刺さって、「暑い」というより、もはや「痛い」！　夏が大好きな私でも、長時間外にいるのはかなりキツかったな〜。

そして、今回のホーチミン街歩きで真価を発揮したのが、他でもないiPhone。この旅以降、効率的にiPhoneを使うことで、何倍もひとり旅が楽しめるのだということを知りました。iPhoneが大活躍したシーンは各章でいろいろ登場しますが、ここでは旅の強い味方になった私のお気に入りアプリたちを紹介してみたいと思います。

①Googleマップのアプリ

これは絶対に必要なので、ぜひ使いこなしていただきたい！　ホテルの位置や行きたい場所をあらかじめマップに登録しておくことで、どこへ行くにもナビ機能を使って自力で行くことができます。かかる時間もちゃんと表示されるから、徒歩だとちょっと遠いという場合にはタクシーを使ったりと、距離感をつかむのにも超便利！　地図が読めない私でも、ナビがあれば知らない街をひとりで散歩できちゃいます。

②為替計算アプリ

ドルやウォンなら頭の中ですぐ計算できるけど、ベトナムドンとなると、暗算はちょっと難しい！　数字が苦手な私には、為替計算をしてくれるアプリが絶対必要。ちゃんとその日のレートで計算してくれるから、とっても安心です。

③ガイドアプリ

最近はいろんな都市のガイドアプリがたくさん出ているので、ストアで検索して、出発前にダウンロードしていくのが鉄則です。現地で本のガイドブックを持ち歩くのは、いかにも「私、観光客です！」というオーラが出てしまって超危険。ナメられないためにも、情報はなるべくスマホで見られるようにしておくほうがいいと思います。

④「旅の指さし会話帳」アプリ

現地の人とコミュニケーションをとる際に便利です。いろんな言語のバージョンがあって、簡単な単語や文章がシチュエーション別にまとめられています。気になる言葉をクリックすると発音も聞くことができるので、積極的に言葉を覚えたくなっちゃいますよ！

⑤「RoadMovies」などの動画アプリ

旅の思い出を記録するときにオススメ。これを使えば、数秒の動画をいくつもつなげて、ロードムービーのようにお洒落な映像を作ることができます。いい感じのBGMもつけられて、簡単なのにすごく本格的！　写真とはまた違った形で思い出が残せるので、旅に限らず友達と遊ぶときなんかもよく使っています。

ほかにも、ひとり旅で使えるお役立ちアプリは数知れず。ロンドンやニューヨークに行ったときは地下鉄の路線図が見られるアプリがすごく重宝したし、南仏の田舎町ではオフラインで使える地図が大活躍。国名や都市名でアプリを検索してみると意外に便利なものが見つかるので、出発前のアプリリサーチは欠かせません。

当然、ホーチミンの街歩きでも、iPhoneは必須アイテム！　海外パケットし放題の料金をケチらず、きっちりとフル活用させていただきました。最近は海外旅行用のレンタルＷｉ－Ｆｉも普及してきましたが、私はいまのところ、面倒な手続きがなく容量を気にせず使えるパケットのほうを利用しています。さらに、ホーチミンではフリーのＷｉ－Ｆｉがそこら中に飛んでいるので、それを拾って使えば通信もサクサク。カフェなどに入って使用するのはもちろん、お店の外に立ってちょっとだけＷｉ－Ｆｉを拝借したりすることも（笑）。ただセキュリティがかかっていないので、安全性の面では少し不安が残ります……。

その国のお酒を昼から飲む楽しみ

てくてく街を歩いているうち、朝ごはんをまだ食べていないことに気づき、ここでベトナムに来てから初の腹ごしらえ。あまりの暑さに「とにかくあっさりしたものが食べたい！」と思い、ベトナムに来たからにはまず名物のフォーを食べようと、近くでフォーのお店を探すことにしました。目に入ったのは「ＰＨＯ（フォー）24」というフランチャイズのお店。以前、東京でも見かけたことがありますが、清潔感と手軽さに惹かれ、迷わずお店の中へ。

先払いで５万２０００ドン（約２６０円）を支払い、念願だった牛肉のフォーとタイガービールを注文。大量に添えられたパクチーと一緒に、ライムを搾《しぼ》ったフォーをすすります。少し酸味があってあっさりとした味付けは、この気温と湿度のなかで食べるのにぴったり。

そして何より、このお値段に感動！　ちなみに、そのときの現地時刻はまだ午前10時過ぎ。お昼前からフォーのチェーン店でひとりビールを飲む日本人の女はとても目立っていたようで、お客さんたちが珍しそうにこちらを見ています。

しかし、私にとって「海外で昼間から飲むお酒」というのは、何にも代えがたい最大級の幸せ！　その国の雰囲気を楽しみながら、地元のお酒をローカルフードと一緒に味わうのが、もっとも美味しいお酒の楽しみ方だと思っています。普段あまり飲まない種類のお酒も、現地で飲めばまたひと味違うもの。ビール、ワイン、焼酎、日本酒、ウイスキー、ブランデー……。基本的にどんなお酒でも大好きな私ですが、実は、どれも初めから美味しいと思っていたわけではありません。一番好きなワインが飲めるようになったのも、25歳の頃。カジュアルなフレンチのお店で美味しいフレンチとフランスワインに感動したのをきっかけに、だんだんとワインの魅力に取りつかれていき、その他のお酒も、現地で本物を味わったり、本場の料理と合わせて飲んだりしているうちに、美味しいと思えるようになったのです。

それからというもの、私の旅には現地のお酒が必須！　スイスでは、アルプスの山々を眺めながら白ワインとチーズフォンデュ。ロンドンでは、マーケットの雰囲気を楽しみながらエールビールとフィッシュアンドチップス……などなど、どれも最高に美味しかったな～！もちろん、日本でもお酒を飲むときは、なるべくテーマを作って「お酒と料理を合わせる」ことにしています。

ベトナムの首都はどこ？

あっというまにタイガービールを飲み干し、この勢いでもう一杯いってやろうかと考えていたところで、隣の席に座っていた黄色いTシャツの若い男の子が、なにやら私に話しかけてきました。「どこから来たの？」というお決まりの質問から始まって、カタコト英語の会話がはじまります。聞くと、彼はハノイの大学の学生さんで、今は夏休みを利用して、久々にホーチミンに里帰り中なんだとか。

「ハノイもいい所だから行ってみてほしいな。なんでホーチミンを選んだの？」という彼の質問に「ベトナムは初めてだから、まずは首都に来たかったの」と答えると、彼の顔が一瞬曇り、「はて？」という表情に。そして数秒の沈黙のあと、彼の口から、衝撃の事実が！

「ベトナムの首都はハノイ！　ホーチミンじゃないよ！」

「は……？　いま何て……？　ここ、首都じゃないの？」


ハイ……、やっちゃいました。ずーっと私、ホーチミンが首都だと思いこんでました……！　正直に「首都と間違えて来ちゃった」と話すと、大学生の彼は呆れて苦笑い。海を渡ってまでこんな恥をさらしてしまうとは……本当にお恥ずかしい限りです……。でも、海外旅行では「首都を間違えていた」ということが、よくありがち。あらかじめ確認しておくと、恥ずかしい目に遭わなくて済みますよ（汗）。

究極の「客引き撃退法」

ホーチミンのメイン通りであるドンコイ通りを歩いていると、私を日本人と見るなり、バイクタクシーの客引きが次々と寄ってきて、

「オネエサン、ドコイクノ？　タクシー、ヤスイ！」

と、カタコトの日本語で勧誘してきます。これがけっこうしつこくて、毎回、振り切るの

にひと苦労。「ノー!」ときっぱり断わってもずっとついてくるし、無視してもなかなか諦めてくれない。いっそのこと英語も日本語もわからないフリをしてみたけど、それもあまり効果なし……。何か手はないものかといろいろ試してみた結果、一番効果があったのがこの方法!

名付けて**「方言で客引き撃退作戦」**!

英語で断わっても日本語で断わってもダメ、わからないフリもダメとなれば、相手が絶対に理解できない言葉で話してみよう! と思いつき、試しに地元・愛媛県の方言で、

「歩いて観光しよんじゃけんタクシーやか乗らんのよ!」

と応戦してみたところ、これが予想以上に効果てきめん(笑)。

いくらしつこい客引きでも、まったく理解できない言葉できっぱりものを言われると、ポカーンと呆気《あっけ》にとられてしまい、それ以上しつこくついてくる人はほぼ皆無でした(笑)。

ポイントは、早口で堂々と、キツめの口調で話すこと。相手に伝わらない言葉であれば、青森弁でも博多弁でも、何でも大丈夫だと思います。方言がない地域の方は、ニセ関西弁で

も対応可能。「今な、歩いて景色みてんねん！　タクシーいらんねん！」と関西人になりきって言ってみたら、相手は見事にひるんでいましたよ（笑）。

これ、ホントに効きます！　海外で客引きに困った際には、ぜひ試してみて！

ドン・キホーテをはるかに凌《しの》ぐ⁉　ビンタイ市場

大通りでタクシーを拾い、次に目指すのはそこから5ｋｍほど離れた「チョロン地区」にあるチャイナタウン。中国系の食材や日用雑貨がなんでも揃うという、ビンタイ市場へと向かいます。

市場に足を踏み入れてまず驚いたのが、売られている物の量。建物の中にはお店が問屋のようにずらっと並んでいて、下着や化粧品、日用品などがギュウギュウに積み上がっていました。

譬《たと》えるなら、**ドン・キホーテを何十倍にも濃縮したような感じ（笑）。**こんなにゴチャゴチャの市場、生まれて初めて！

しかし、もっとビックリなのは**「これだけ大量の物があるのに欲しいものが何ひとつな**

い」ということ（笑）。それもそのはず、ビンタイ市場は地元の人の生活に密着したお買い物スポットで、観光客向けのお土産物などはあまり売っていないいんだそうです。

私は早々にビンタイ市場を後にして、その周辺を散歩してみることに。道の舗装もろくにされていない、土埃《つちぼこり》が舞い上がる通りに、人々が集まって気ままに過ごしています。その光景は、テレビなどで見る戦後の日本の街かどのよう。

ひとりぶらぶらと歩いていると、道ばたに椅子を出して、将棋のようなゲームをしているおじさんの集団を発見しました。警察官らしき制服を着ているおじさんも、昼間からお仕事そっちのけでゲームに熱中。なんだかすごく楽しそう！　ホーチミンの路上で笑いあっているおじさんたちを見ていると、私も肩の力が抜けて、なんだか気持ちが軽くなった気がしました。

ベトナムは日本に比べればまだまだ発展途上で、生活も決して裕福ではないはず。しかし、私の目に映ったおじさんたちの表情はとても生き生きとして、みんな与えられた環境の中で自分の人生を謳歌《おうか》しているように見えます。日本にいると当たり前すぎて気がつかないけど、今ある生活は本当に恵まれていて、その中での悩みなんてものすごく贅沢《ぜいたく》なもの。それなのに、いつも自分だけの小さな視野にとらわれて、「仕事で嫌なことがあった」とか「将来が不安だ」とか、あれこれ思い悩んで深刻になってしまいがち。一歩引いて見てみれば、私の人生に起きている出来事なんてそうたいしたことじゃないよなぁ……なんて、考えさせられてしまいます。

もちろん、どんな環境にいたって現代人に悩みは付きものだけど、たまにこうして凝《こ》り固まった価値観から抜け出してみると、頑張っていくためのパワーがもらえるような気がするなぁ。

そんなことを感じた記念に、彼らの輪の中に入って、写真をパチリと1枚、撮らせてもらいました。

そんなものをお供えしちゃうの⁉

チャイナタウンの中でひときわ目立っていたのが、天后宮《てんこうきゅう》と呼ばれる不思議なお寺。赤、青、黄色の鮮やかな色彩が施《ほどこ》されていて、日本のお寺とは比べ物にならないくらい、超派手派手です！

お寺の中にはたくさんのお供え物が並んでいて、その中には目を疑うような衝撃的なお供え物も……。きらびやかな祭壇のど真ん前に、デーン！　と置いてあったのは、なんと「こんがりと焼けた豚の丸焼きの脳天に包丁をぶっ刺したもの」！

シュール。超シュール。

でも、それがここでの伝統的なやり方なのでしょう。文化の違いって、すごいなぁ。

祭壇の中に並べられているのは、5体の女性の像。着ている服の色がそれぞれ決まっていて、まるで戦隊モノみたい。そんなことを思いながらその像を眺めていると、突然、傍《そば》にいた中国人のおじさんが、私に話しかけてきました。

カラフルな像を指さしながら、何かを一生懸命に説明してくれるおじさん。しかし、その言葉は全部中国語。意味がまったくわからない……。

「ごめんなさい、私は中国語がわかりません」

そう英語で言ってみても、おじさんのほうは英語が一切わからないようで、こちらの言いたいことはまったく伝わっていない様子。お互いに意思の疎通はできていないのに、超早口の中国語でまくしたてられ、すっかり困り果ててしまった私……。

しかし、ひとつだけあったのです。私たちが唯一コミュニケーションをとれるツールが。

それは……「漢字」！

ポカーンとしている私を見て、おじさんはようやく事態を理解したのか、バッグからおもむろに紙を出し、スラスラと何かを書き始めました。そこに書いてあったのは『日・火・水・木・土』という5つの漢字。どうやら、この文字は5体の像それぞれの役割を表しているみたい。

「あ！　わかった！　この人形ひとつひとつに意味があるんだ！」

私が日本語で言いながら像を指さすと、その表情から思いが伝わったらしく、おじ

豚の頭に包丁！　かなり衝撃的な画ですが、これもお供えには欠かせないものなのでしょうね（チョロンの天后宮で）

さんもすごく嬉しそう。さらにテンションが上がったおじさんは、「土」という文字を見せて、地面を一生懸命、指さします。今度は「土というのは地面のことだよ」と、漢字の意味を教えてくれている様子。でも……漢字の意味までは、教えてもらわなくてもちゃんとわかるんだけどな……。日本人だから……。

そのことをどう伝えていいのかわからず、結局最後まで長～い中国語の解説を聞くことになった私。帰り際にはちゃんと「謝謝《シェイシェイ》」とおじさんにお礼を言って、チャイナタウンを後にしたのでした。

ベンタイン市場は、かわいい雑貨の宝庫！

次にタクシーに乗って向かったのは、ホーチミンの一番の見どころであるベンタイン市場。ここは超定番の観光スポットで、ほとんどの観光客が真っ先に足を運ぶ場所。広大な建物の中に1000軒以上ものお店がひしめいていて、ひとつの街のようになっています。時計台の形をした入り口から一歩足を踏み入れると、人々の熱気と汗、ドリアンの甘い香りが入り混じった、強烈な匂いの先制パンチ！　それにムワッとした湿気も加わって、息をしているだけでクラクラしてしまいそう。

市場の中は衣料品のゾーン、日用品や雑貨のゾーン、食料品のゾーン、食堂のゾーンなどいくつかのエリアに分かれています。私が真っ先に向かったのは、楽しみにしていた雑貨のゾーン。

そこでは、東京で買ったら数千円はしそうなカゴバッグが、たったの6万5000ドン（約330円）。エスニックなピアスやブレスレットも、3万ドン（約150円）ほどで手に入ります。市場では日本語のセールストークが飛び交っていて、買い物をするにも超楽チン。そのぶん日本語の客引きも多いので、先述した「方言撃退法」であしらいながら、市場の中を進んでいきます。

ベンタイン市場の中は日本人観光客の姿も多く、食堂のゾーンではツアーの団体さんに遭遇。「もしかして眞鍋さん？」と声をかけていただき、その場で一緒に記念撮影をしました。「お仕事ですか？」と聞かれて「プライベートでひとり旅中です」と答えると、「え!? 本当に!?」と、みなさんとても驚いた顔（笑）。こんなふうに海外で日本の方に会うと、なんだか嬉しくなってしまいます。

そして、市場で物を買うときに絶対欠かせないのが「値切り交渉」。だけど、私はこれが大の苦手。なんとか2割引きくらいまでは負けてもらうものの、最初の値段がじゅうぶん安いから、なんだか申し訳なくなっちゃって……。毎回、「それ以上負けろ」とは言えず、そこそこの値段で手を打ってしまうんです。小心者の日本人……(笑)。

続いて、友達へのお土産を買おうと食料品エリアでティーバッグのお茶を探していると、後ろから「オ姉サン、ナニ探シテルノ？」と、太ったベトナム人のおばさんが日本語で声をかけてきました。彼女は日本のことが大好きで、日本語を勉強するために市場の中を案内したいと言います。それならばと案内をお願いして、そのおばさんにお茶を買えるお店まで連れて行ってもらうことに。しかし、目的の場所に到着するなり、彼女の口からまさかのひとことが……！

「案内シタカラ、チップアルデショ？」

え……？　チップ……だと……？

そもそも、日本語の勉強がしたくて自分から案内したいって言ったんじゃないの？　結局、お金かよっ！

納得がいかなかった私は「最初にチップいるって言ってなかったじゃん！」と強気に主張。ところが、抗議したとたん、さっきまで日本語ペラペラだったはずのおばさんが、急にベトナム語全開で何かを訴えはじめ、日本語がまったく通じない状態に！（笑）なんてズルい作戦……！

結局、根負けした私が「わかったよ、チップいくら？」と聞くと、おばさんは嬉しそうな顔で「10万ドン！」（約500円）と希望の金額を提示。やっぱり日本語わかっとるんやないか！　……でもまあ、ちゃんと案内してくれたし、思ってたよりも金額が安かったし、良しとするか……。

❯「ア・イ・シ・テ・ルのサイン〜♪」

ホーチミン市内には鉄道が走っていないため、移動はどこへ行くにも徒歩かタクシー。空港タクシーのトラウマを完全に克服した私は、さらなるドキドキを求めて、しだいにこう思うようになりました。

「さっき客引きしてきたバイクのタクシー、乗っちゃっても大丈夫じゃない……？」

やはり、バイクタクシーはベトナムの主要な移動手段として、一度は体験しておきたいもの。そうと決まれば、まずは路上で客待ち中のバイクタクシーを物色します。良心的なタクシーにあたるよう、用心深く観察していると、発見したことがひとつ。それは……、

「客引きのおじさんは、日本人観光客をゲットするための商売道具を持っている」！

街を歩いていると彼らがよく見せてくるのが、利用した日本人観光客が書いたというサイン帳。「このおじさんはいい人です!!　絶対に安心！」とか「このバイクタクシーを選んでよかった！」などと、さまざまな誉《ほ》め文句が日本語で書かれています。私も最初は「へ〜、優良タクシーなんだぁ〜」と素直に信じていたのですが、よく見るとこのサイン帳、どれもこれもみな同じような内容。文字や文体を見ると日本人が書いたものに間違いなさそうですが、あまりにも内容がわざとらしくて、下手なテレビショッピングみたい（笑）。

もしかしたら、本当に心からそう思って書いた日本人もいるのかもしれませんが、私はこのサイン帳は信用せずに、自分のアンテナで、人の好《よ》さそうなおじさんのバイクタクシーを

選びました。

さっそくそのおじさんに行先を伝えて、まずは運賃の交渉。「too expensive!（高い）」を繰り返しながら交渉を進めた結果、目的地まで5USドル（約500円）で手を打つことに（それでもまだ高い！）。ベトナムでは米ドルが多く流通しているので、持っていると何かと便利です。

交渉が成立すると、「さぁ、乗って！」とバイクに乗るよう促され、さっそく後部座席へ。そして「ハイ、これ」と渡されたのは、使い古された、ボロボロの黒いヘルメット。しかも紐《ひも》の調節もきちんとできない、ゆるゆるで心もとない半ヘルです（笑）。もし事故に遭っても、これじゃあ衝撃から大事な頭を守れなさそう……。「でもまあ、ないよりはいいだろ！」と、気休めのヘルメットをかぶって、いざ、出発！

さて、ここで浮上したのが、「バイクに乗っている間、どこにつかまればいいのか」という問題！　思いっきりおじさんの腰に手をまわして抱きつくのも嫌だし、サドルを持っているだけだとちょっと不安。少し悩んだ結果、私はとりあえずおじさんの肩につかまることに。

さあ、いよいよここから、人生初のバイクタクシー体験です！　おじさんと私の乗ったバイクは、排気ガスいっぱいの道路を駆け抜け、目的地へと向かいます。ビュンビュンと視界の後ろへ流れていく、色鮮やかなホーチミンの景色。すると、走っているうち、私の胸の中にある不思議な感情がこみ上げてきました。

「あれ？　なんだろうこの感覚……。どこかで感じたことがあるような、夢でみたことがあるような……」

そうだ！　あのドリカムの名曲『未来予想図II』！

青春時代、バイクの2人乗りをしているカップルが、ヘルメットを5回ぶつけて「ア・イ・シ・テ・ル」のサインを交わすという、あの感動的な歌詞。いまも大好きな曲のひとつであり、私にとって永遠の名曲です。しかし……昔からずっと憧れていた「バイク2人乗り」という最高のシチュエーションを、悲しいことに、バイクタクシーのおじさんの後ろで叶《かな》えてしまうなんて……。

それからずっと、頭の中では『未来予想図II』がリピート再生。**でも、私が手をかけているのはベトナム人のおじさんの肩……。**

もちろん、ヘルメットは一度もぶつけることもなく、無事に目的地へと到着したのでした。

ベトナムの「庶民の味」を堪能

次に散策するのは、ブイビエン通りとデタム通りが交差するエリア。ここは「バックパッカーの聖地」と呼ばれるだけあって、道の両側にはネットカフェや格安ホテルが立ち並んでいます。街には、いろんな国のバックパッカーが大荷物を背負ってウロウロ。きっと彼らは、こうして世界中を旅しているんだろうなぁ。

大学時代は、まわりの友達がこんなふうにアジアの国々を貧乏旅行しているのを、ただうらやましく見ていました。仲良しグループみんなで行くはずだった卒業旅行も、休みがとれず私だけ行けなかったり……。ロケではたくさん海外に行かせてもらったけど、やっぱり若いうちにこういうことをしておきたかったな……と、心残りに感じたことも多々あります。

でも、当時それを我慢してきたぶん、やっと今こうして自由に旅できるタイミングが巡ってきたはず。同世代から比べるとちょっと遅い「ひとり旅デビュー」だけど、バックパッカーでもセレブ旅行でもない、今の自分だからこそできる「等身大の旅」を、これからもたくさんしていこう！　世界中の旅人たちが交錯する「聖地」を歩きながら、そんなことを思ったのでした。

デタム通りから路地を覗《のぞ》いてみると、奥のほうに、看板もなく薄汚れた、いかにも地元の人向けといった食堂を発見。店頭にはさまざまなベトナムの家庭料理が並んでいて、どれも本当に美味しそう！

胃腸の弱い私ですが、ここまで来たからには、やはり本物のローカルフードを食べて帰らねば。「変な味がしたら、すぐ食べるのをやめればいいし！　よし、挑戦しちゃおう！」。そう心に決めた私は、入り口もない、半分外のようなお店の中へと入っていきました。

席に座るとまず、体の大きなおばさんがプラスチックのプレートにごはんをよそってくれて、そのごはんの横に、自分の好きなおかずを選んでのせてもらうというシステム。10種類以上もあるおかずの中から私が選んだのは、煮玉子と、チキンと、空芯菜《くうしんさい》炒め。それらをひとつひとつ指さして注文し、プレートに盛り付けてもらいます。しかし、その様子を見ているうち、

「ああ……でもこのお惣菜たち、炎天下に常温で並んでたんだよな……。大丈夫かな……」

と、一抹《いちまつ》の不安が……。

お皿を受け取ってまた席につくと、付け合わせのスープと生野菜、そしてお茶が運ばれてきます。運んできてくれたのは、この家の子どもと思われる10歳くらいの男の子。嫌々お手伝いしているのか、その顔に愛想はゼロ（笑）。

さっそく料理に箸《はし》をつけてみると、これが意外にも、けっこうイケる！　暑い地域の料理だからか、全部あっさりとしていて、日本人の好みにも合う味付け。気づけば完全に胃腸のことを忘れて、ローカルな家庭料理をガツガツと平らげていました。

「Coca Cola」のロゴ部分に
大きな穴が……。
これじゃ、意味なくない？

しかし、お茶を飲もうとしたところで、ふとコップを持つ手が止まります。

「お茶は……やばいかもしれない」

海外で、水やお茶にあたったという話は本当によく聞きます。無料のこのお茶も、使ってるのはきっと水道水に違いない！　食あたりにならないよう、ここは安全策を取って缶の飲み物を注文することに。

さっきの愛想ゼロの男の子に「7UP」という炭酸飲料を頼むと、彼は近くにあった冷蔵庫からそれを出し、ニコリともせずにテーブルに置いてくれました。しかし、その「7UP」をひとくち飲んでビックリ！

「!?……あったかいっっっ!!!」

いま冷蔵庫から出してきたはずの「7UP」が、なぜかものすごく生あたたか〜いのです！　何ごとかと思って冷蔵庫を見てみると、そこには……。

正面に大きな穴が！（笑）
どう見ても壊れてるし、長いこと電源も入れてなさそうで、これは冷蔵庫ではなくもはやただの「ジュース棚」……。それにしても炭酸飲料って、あったかいとかなりマズいものなんですね（泣）。

この食堂でのお会計は、食事と飲み物合わせて4万ドン（約180円）。結局お腹もこわさなかったし、この味でこの値段はスゴイ！　かなりの激安グルメです！

ついに、ホーチミンの路上メシに挑戦

地元の食堂ごはんをクリアしたことで調子に乗った私は、食のリミッターがはずれてしまったのか、とうとう路上の屋台メシにも挑戦してみることに。屋台というよりは、地べたに金だらいを並べてその中に料理を入れて売っているという感じで、ハードルはかなり高め！

売り子のおばちゃんに「これ、ください」というジェスチャーをしてお皿にのせてもらったのは、ふたつで約50円の激安生春巻き。地元のお客に混じって、無造作に置かれたプラスチックの椅子に腰かけ、いただきます！

おそるおそる口の中へ運んでみると、皮はもっちりとみずみずしく、路上の金だらいで売られていたとは思えないほどのクオリティ！　生野菜のシャキシャキとした食感と、甘辛いタレも絶品です。

「こんなに美味しい春巻きで、お腹をこわすはずがない！」

そう自分に言い聞かせつつ、あっというまに2本の生春巻きを平らげてしまいました。

そもそも、私が海外でやたらと食べ物に敏感になるのには、ある理由が……。実は、若い頃に仕事で行ったサイパンで「死の危険性があるほどの食中毒」に見舞われた経験があるのです（泣）。

雑誌のグラビア撮影中、急に気分が悪くなり、高熱と激しい嘔吐《おうと》・下痢《げり》に苦しんだ末、全身が麻痺《まひ》してしまい、救急車で病院に搬送。点滴と薬でなんとか回復したものの、お医者さんに「死ぬ可能性もありましたよ」と告げられ、本当にゾッとしました。

それからというもの、海外での食事には人一倍注意して生きてきた私。でも、こんなふうに地元の人たちに混ざって、同じスタイルで同じ食べ物を食べるのって、本当に最高！　あたるのは怖いけど、やっぱりローカルフードの魅力は捨てがたいですよね。

とはいえ、実際ホーチミンで旅行者が食中毒を起こす事例はかなり多いのだとか。神経質になりすぎるのもつまらないけど、食べ物には細心の注意が必要です。ポイントは、「回転率のよさそうな店に行くこと」。食材も料理も、きちんとまわっているほうが、リスクは少ないと思います。

ベトナムでフランス料理!?

ひとり旅のときはいつも「その土地の料理しか食べない」というルールを決めている私ですが、ホーチミンには各国の美味しそうなレストランがあり、あれこれ目移りしてしまいます。

とくにフランス料理は、植民地時代の影響もあってかなりレベルが高いんだとか。今回はフレンチレストランには行きませんでしたが、市の中心ドンコイ通りのはずれに「フランス食材のお店」があるのを見つけ、何度も通いました。

中にはものすごい種類のワインや、フランス製の瓶詰、ハム、ソーセージなどが並んでいて、まるで本当にフランスへ来てしまったかのような空間。2階に上がると、そこはフレンチのお惣菜やチーズの量り売りをしているデリカテッセンのコーナーで、併設されたカフェでイートインもできるようになっています。

私のテンションが最も上がったのは、もちろんチーズ売り場！　ショーケースの中にはフランスに限らず、ヨーロッパ各地のさまざまなチーズが豊富に並んでいて、値段もフランスで買うのとほぼ同じくらい。ホーチミン滞在中、小腹が減ったときは何度かここに来て、気軽にチーズとワインを楽しみました。

ホーチミンの夜

ホーチミンで印象的だったのは、夜のドンコイ通り。ひとり旅では「安全のため夜はウロウロしない」と決めているのですが、夕食のためにタクシーで賑やかな場所へ行くのは、一応セーフということにしています。

ここはメインの大通りだけあって、夜も明るく、とても賑やか。さまざまな国の観光客が集まって、サッカー観戦で盛り上がったり、オープンテラスでお酒を飲んだりして楽しんでいます。その様子は、まるでお祭りの夜のよう!

通り沿いにある可愛らしいドイツ料理屋のテラス席から、活気のある夜の街を眺めつつ、ソーセージとザワークラウトをつまみに飲むのは「３３３」(バーバーバー)というベトナムビール。肉の旨みが凝縮した本格的なソーセージとスッキリとしたベトナムビールは、最強の組み合わせです！　夜になっても蒸し暑さを感じる南国の空気の中で、ドイツ料理を食べながら多国籍な人々の中ひとり飲んでいると、「私は今、いったいどこにいるの？」と、なんだか不思議な気分（笑）。非日常や日本で感じられない緊張感を味わえるのも、ひとり旅の楽しみですね。

夕食を終えたあとは、もう一杯だけどこかで飲んで帰ろうと、ガイドブックに載っていた有名なバーへ行ってみることに。ドンコイ通りからすぐのところにある、老舗《しにせ》高級ホテル「レックス」の5階に入っているバーは、ベトナム戦争時代、外国人記者やジャーナ

ベトナムのビール「333（バーバーバー）」
を飲みながら、ベトナムの夜を満喫中

リストたちが集まり、お酒を酌《く》み交わしながら情報交換をしていた場所なのだとか。

どんなところなのだろうとドキドキしながら足を踏み入れると、バーはライブの真っ最中。ピアノの伴奏《ばんそう》に合わせて、セクシーな女性歌手がスローなバラードを歌っています。確かにラグジュアリーで居心地の良さそうなお店だけど、ジャーナリストが集まるバーと聞いて過剰に期待をしていたせいか、意外に普通のバーでなんだか拍子抜け。もっと、武骨《ぶこつ》でハードボイルドなお店をイメージしていたんだけどなぁ……。でも、さすがは一流ホテルのバー。気持ちのいいテラス席で飲んだカクテルの味は、本当に格別でした！

帰りは、ホテルにつけている安全なタクシーに乗り、自分の泊まっているホテルまで直帰。ほろ酔い気分で街をひとり歩きすることのないよう、絶対に守ると決めている「マイルール」です。

初めての英語での電話予約

いよいよホーチミン滞在の最終日。飛行機の時間まで何をして過ごすか悩んだ結果、「最後くらいエステで贅沢をしてみよう！」と思いつき、ガイドブックに載っていた「スパ　オーセンティック」というリゾート型エステに目を付けました。なんと300分のフルコースでも、料金は1万2000円ほど。ホーチミンのエステは日本と比べてかなり安いので、リーズナブルな値段で、思い切り贅沢な気分に浸《ひた》ることができます！　さっそく電話番号を確認し、iPhone片手に予約の電話を……と思ったのですが、ここでまたひとつ、私の前に新たなハードルが。

これまで海外でお店を予約するとき、ネットでの予約は何度かしたことがあっても、電話で直接の予約となると、こちらはまったくの未経験。ガイドブックに「英語対応あり」と書かれているものの、自分の英語力で果たして電話での会話ができるかどうか、あまり自信がありません（泣）。

しかし！**「できなかったところで、別に失うものは何ひとつない！」**そう気づくと、「失敗したら失敗したでいいや」と開き直り、勢いでiPhoneの通話ボタンをプッシュ。

何度目かのコール音のあと、相手が電話口に出たのを確認し、ゆっくりと丁寧《ていねい》に話します。

私「Can I make a reservation for today?（今日の予約はできますか？）」

受付「YES, of cource. What time?（はい、もちろん。何時ですか？）」

観光客を相手にしているスパというだけあって、ベトナム訛りをほとんど感じさせない素晴らしい英語！　私のつたないヒアリング能力でも、ちゃんと聞き取ることができました。希望の時間、コース、名前、連絡先を聞かれ、それらを伝えると予約は完了。ちょっと緊張したけど、思っていたよりもずっと簡単！　でも、この電話で本当に予約ができているのかどうか……行ってみるまでは気が抜けません。

高級スパで束の間のセレブ気分

ホテルのチェックアウトを済ませると、スーツケースをフロントに預け、タクシーでスパへと向かいます。ホーチミンの中心部を抜け、タクシーは街の郊外へ。窓の外を見るとリバーサイドにモダンなお屋敷が多く立ち並んでいて、一帯がホーチミンの高級住宅街といった雰囲気。このあたりは「ホーチミン２区」といって、再開発でお洒落なカフェやレストランが続々とできている、いま熱いスポットなんだとか。

20分ほどで目的のスパに到着すると、そこはヤシの木とプルメリアの花に囲まれた高級アジアン・リゾート！　ラグジュアリーなその門構えに、だんだんと気分も盛り上がってきます！

さて、問題はさっきの電話予約が成功しているかどうか……！

受付「Hello. How can I help you?（いらっしゃいませ。お伺いいたします）」

私「Ah…I have a reservation.（予約をしているんですけど）」

受付「Your name?（お名前は？）」

私「Manabe.（眞鍋です）」

受付「Just a second…Ms.Kaori Manabe?（ちょっとお待ちください……眞鍋かをりさんですか？）」

私「Yes!!（はい!!）」

よかったーーー！　ちゃんと予約できてた!!

予約がとおっていたという安堵《あんど》感と、初めて電話予約を成功させたという達成感で、もう胸はいっぱい（笑）。またひとつ、初体験のハードルクリア！　これ以降、海外旅行で電話予約するのがあまり怖くなくなり、レストランなども気軽に電話で予約できるようになりました。考えてみれば、予約の際の会話パターンはだいたい決まっているし、私みたいに英語力に自信がなくても、一度慣れてしまえば意外といけるものです（笑）。

「スパ　オーセンティック」の施術は、すべて個室。バスタオルを巻いてベッドに上がると、そこからたっぷり、至れり尽くせりのトリートメントタイムです。……といっても、旅の疲れがたまっていたせいか、私はせっかくの高級エステ中に３００分間フルで爆睡してしまい、そのあいだの記憶はほとんどナシ（泣）。極上のオイルマッサージを堪能するはずだったのに……もったいない！（泣）

施術のあとは、用意されたガウンに着替えて、敷地内にあるプールサイドでひとやすみ。遠くに流れるサイゴン川を眺めながらハーブティー片手にデッキチェアでくつろいでいると、風の音や鳥の声が聴こえて来て、ゆったりとしたベトナムの自然を感じることができます。ホーチミン中心部の喧騒とはかけ離れた、静かな時間……。最高の旅の締めくくりになりました。

また一つ上がった旅の戦闘能力!?

今回の旅は、とにかく「戦いながら楽しんだ」3日間。ホーチミンでは街歩きをしていても客引きの人が次々に寄って来るから、ずーっと気を張りっぱなし。気分は常にファイティングポーズ！

日本とは経済の格差も大きく、ひとり旅の日本人は現地の人から見ると「ガードの緩《ゆる》いお金持ち」なんだな、ということを常に意識させられました。移動するときや買い物をするとき、現地の人と関わる際にはこちらも毅然とした態度でいなければ、旅を楽しむどころではありません。ホーチミンの人たちは、みんな生きることに一生懸命で、とてもパワフル。彼らのパワーに負けないように、気合いを入れて旅を楽しまなきゃ！（笑）

到着するなりぼったくりの洗礼を受けたことはショックだったけど、その出来事がホーチミンでの振る舞い方を考えるいいきっかけになったし、被害も5000円で済んで、本当に運が良かったと思います。普段の私は、押しの強い人に対してキッパリ自分の意見を言えないタイプですが（全然そうは見られないけど）、今回の旅ではそんなことも言っていられず、

「押されても絶対にひるまない」という術《すべ》を覚えました。次にベトナムに行くときにはもっと余裕を持って、スムーズに楽しめるんじゃないかな（笑）。

最初はどうなることかと思ったけど、ホーチミンに来てみて本当に良かった！

第三章

「自由」じゃなければ旅じゃない

旅の目的はふたつに絞る

2010年の年末に急遽《きゅうきょ》とれた、6日間のお休み。6日もあればちょっと遠くまで行けるぞ！　ということで、今回、いつもは選ばない「直行便のない国」へ行ってみようと思い立ちました。

候補に挙がったのは、そのとき旅行雑誌の特集で見たギリシャ。2010年に事実上の財政破たんをしてからはニュースなどで暴動の映像を見ることも多かったのですが、しばらくして落ち着いたのか、こうして雑誌も特集を組むくらいなのだからおそらく大丈夫なのでしょう。今のギリシャがどうなっているのか興味もあるし、今回の行先はギリシャに決定！

とはいえ、そのとき私の中にあったギリシャのイメージは「パルテノン神殿がある神秘的な国」ということくらい。何をしに行くのかと聞かれても、さっぱり思い浮かびません。そこでさっそくガイドブックを購入し、ギリシャの観光について猛勉強。そしてその中から、今回の旅の目的を「ふたつ」決めました。

1、ギリシャの象徴《しょうちょう》であるアクロポリス遺跡を見ること。

2、ギリシャの伝統的なチーズ料理「サガナキ」を食べること。

実はギリシャは国民ひとりあたりのチーズ消費量が世界第一位というチーズ大国。チーズを使った名物料理も多く、チーズプロフェッショナルの教科書に載っていた「サガナキ」は、一度は食べてみたい憧《あこが》れの料理だったのです。

この「目的がふたつ」というところが、実はすごく重要なポイント！　ひとつだと物足りないし、それ以上多いと「予定をこなさなきゃ」と焦ってしまい、なんだか忙《せわ》しない……。とりあえずふたつ達成できれば、来た甲斐《かい》があったと満足できるし、スケジュール的にも気持ちに余裕が持てて、ちょうどいいんです。それに、目的をふたつに絞ることで本当に自分の興味があるものが見えてくるし、「自分が旅をするときのテーマ」のようなものができてくるはず。

私の場合は「その土地ならではのチーズとお酒」「歴史ある場所を散策」かな？　今でも、**旅をするときには、いつも目的をふたつ設定して出発する**ことにしています。

今回は、「アクロポリス」と「サガナキ」さえ達成できれば、あとは旧市街や博物館などアテネの見どころをゆっくりと散歩したり、ギリシャワインでも飲んでのんびりしようというアバウトな計画。自由に動き回れるように、ホテルも最初の1泊しか予約しませんでした。

旅のスケジュールが固まっていないときは、あえてホテルを決めないのも楽しみ方のひとつ。よっぽどのハイシーズンでなければ空室があることが多いので、1泊目だけ予約してあとは現地で決めるという手を使うと、旅の自由度が高まります。念のために一応、Booking.comですべての日にちの空室を検索し、じゅうぶん余裕があることを確認しておくのがベター。いつも以上に行き当たりばったり感が強い今回、いったいどんな旅になるのか……。少しハラハラしながらも、いざギリシャへ出発です！

真っ暗な丘の上に浮かび上がったものは……

出発の朝、いつものように成田空港のお寿司屋さんで「儀式」をしていると、すっかり顔を覚えてくれた板前さんに「今回はどちらへ？」と尋ねられました。海外に行くときは毎回その店に寄っていたので、「定期的に眞鍋さん来るなぁ……」と思っていたみたい（笑）。今回もやはり納豆巻きで〆て、まずは乗り換え地点であるアムステルダム行きの便に乗り込みました。

日本をお昼前に出発してからおよそ19時間。アテネに到着したのは、夜11時をまわった頃でした。空港から市内まではタクシーで約30分、料金は35ユーロほど。深夜なので安全面を考慮して、公共交通機関は使わないと決めていました。ベトナムでの空港タクシーの一件を思い出し、少しビビりつつ乗車したものの、今回の運転手さんはとってもいい人でひと安心。私が見せたGoogleマップのとおり、スムーズにホテルまで送り届けてくれました。

料金とチップを払ってタクシーを降り、フロントで「宿泊予約の確認ページを表示したiPhoneの画面」と、「予約に使ったクレジットカード」、「パスポート」を見せてチェックイン。もはや海外でのチェックインも手慣れたもの（笑）。

小さなそのホテルのフロントには、「魔女の宅急便」に出てきたような品のいいおば様がひとりで番をしていて、やさしい笑顔で部屋の鍵を渡してくれます。「Thank you.」と言って鍵を受け取ると、なんだか魔女のキキになった気分。深夜のギリシャに降り立った、三十《みそ》路《じ》のキキです（笑）。

チェックインを済ませ、大荷物を抱えて部屋へ向かおうとすると、おば様が私を呼び止め、得意げな顔で「荷物を置いたら屋上に行ってみなさい。最高の景色が見られるわよ」と言います。部屋に荷物を入れ、さっそく言われたとおり屋上へ上がってみると、そこに広がっていたのは……真っ暗な丘の上に浮きあがるようにライトアップされた、堂々たるパルテノン神殿の姿でした。

真夜中のアテネの静寂の中、そこだけが放つ圧倒的な存在感。周りには高い建物などひとつもなく、神殿がその足元に広がる街や人々を天から見下ろしているような、絶対的な威厳《いげん》を感じます。

「すごい！　あのパルテノン神殿が目の前に……！　私、いま本当にアテネにいるんだ……!!」

この国の象徴である古代遺跡の美しい姿がこの旅の〝ファーストコンタクト〟となり、私にギリシャに来たという実感を与えてくれました。幻想的で最高に素晴らしい景色。フロントのおば様が自慢するのも、納得です！

水シャワーで凍え死ぬ

アテネの絶景を眺めているうち、少し肌寒くなってきた私は、屋上を後にして、改めて室内をチェック。このお部屋、1泊8000円ほどの小さな3つ星ホテルにしては、広さもそこそこでインテリアがお洒落！　オレンジを基調としたカバーが暖かい雰囲気をかもしだしていて、私のスーツケースの色ともぴったりです。

可愛いインテリアに大満足したところで、私は冷えた体を温めるため、シャワーを浴びることに。脱衣所で凍えながら服を脱ぎ、「寒い寒い〜！」と独り言を言いつつ、小さなバスルームへと駆け込みます。

3つ星ホテルにしてはインテリアも可愛く、大満足！
のはずだったのですが……

……が、しかし……！　ここで、まさかの「お湯が出ない」というトラブル発生!!

「HOT」の蛇口《じゃぐち》を全開にしてみても、なんとな〜く生ぬるい水が出る程度で、一向にお湯は出てきません。「海外のホテルでお湯が出なかった」という話はよく聞きますが、まさかこのタイミングで当たってしまうとは……。運の悪さを呪いながら、もう一度水に手を触れ、そのぬるさを確認します。

「これなら……我慢できるかも……」

本来ならすぐフロントに電話するべきところですが、長旅のあとで早く髪や身体を洗いたいという気持ちもあり、この生ぬるい水でシャワーを浴びる決心をした私。それに、「海外のホテルでお湯が出ず、水シャワーをする」という「旅人の洗礼」を私も一度は経験しなければいけないような気がしたのです（笑）。

しかし、実際に頭から浴びてみると、これが想像以上に冷たい!!

「何コレ!?　修行!?」

歯を食いしばり、1秒でも早くシャワーを済ませようと猛スピードで全身を洗います。ものの数分で洗い終え、必死の思いでバスルームからはいずり出ると、震える体をバスタオルに包み、すぐに持ってきた部屋着に着替えました。

あとは一刻も早くこの濡れた髪の毛を乾かさなければ……！

しかし、ここで凍え死に寸前の私にさらなる洗礼が。なんと、**ドライヤーがどこにも置いてない!!!**

まさかの連続大ピンチ。これぞ泣きっ面に蜂！　冷えた体に濡れた髪の毛のままでは、絶対に風邪を引いてしまいます。

「さあ、どうするか……。せっかく辛い思いをして洗礼を受けたのに、ここでフロントに電話して借りるのもなんか悔しい……」

そんなとき、ふと私の頭にひらめいたある名案。それは……。

「エアコンの暖房を最強に設定し、ベッドに上って風の吹き出し口の前に立ち、温風を直接髪の毛に当てる」大作戦！

苦肉《くにく》の策でしたが、やってみるとこれが意外に悪くない！　30分ほどかけて温風を当てた結果、髪はすっかり乾き、この作戦は大成功！　しかし、冷静になるにつれ「わたし、何やってるんだろう……。ギリシャまで来て、水に打たれて……挙句《あげく》の果《は》てにエアコンで髪乾かしてるよ……」と、ひとり何とも言えない虚《むな》しさに襲われたのでした。

やはり、ホテルで困ったことがあったらすぐフロントに電話するべし！（笑）

30分で観光スポットを「美味しいとこ取り」

翌朝、チェックアウトを済ませると、いよいよアテネの市内観光へ。ホテルは1泊しか予約していなかったので、フロントに頼んで夕方まで荷物を預かってもらうことにしました。「Can I leave my baggage here?」（荷物置いて行っていいですか？）で、どこのホテルもたいていオッケー！　チェックアウトした後でも、荷物を置いて手ぶらで観光することができます。

「晴れ曇り」の薄いブルーをした空の下、初めて歩くギリシャの旧市街。足の裏に伝わる石畳の感触は「これぞヨーロッパの街歩き！」という感覚にさせてくれますが、街の雰囲気はこれまで見たどの国とも異なっています。歴史は感じても、華やかさや壮麗《そうれい》さはあまりなく、雑多な下町にいるような感じ。

ホテルから10分ほど歩くと、見えてきたのはアテネの中心地であるシンタグマ広場。ここはニュースの映像でよく映っていた、暴動やデモが起きる場所。このときのギリシャは財政危機が起きてまだ間もなかったのですが、実際に行ってみると広場の様子はいたって普通で、頻繁《ひんぱん》にデモが起きているなんて信じられないくらい。広場前の大通りには、出勤前のビジネスマンたちが忙しそうに行き交っていました。

あたりを見回すと、新聞やジュースを売っている売店「キオスク」の近くに、電車の形をした可愛いバスが停まっているのを発見。側《そば》に立っている看板には「City Tour! 45min」と書いてあります。

「おっ！　これに乗れば街をひととおり観光できるかも！」

さっそく、バスの掃除をしているお姉さんに「バスに乗りたい」と伝えると、「あと15分後に出発よ」とのこと。私は近くのマクドナルドに入って朝ごはんにブルーベリーマフィンとコーラを買い、それらをおともに観光バスに乗り込みました。

ツアー料金は12ユーロほど。バスはシンタグマ広場から旧市街であるプラカ地区、さらに博物館やアクロポリスの周辺を巡り、街に点在する遺跡群のすぐ側を走っていきます。目の前で、次々に移り変わっていくアテネの景色。30分ほどかけてバスが広場にもどる頃には、アテネの観光スポットを美味しいとこ取りで見ることができました。このような観光バスは、街の概要を把握するのにとっても便利。歩いてまわるよりも効率がいいので、ひとり旅では見つけたら絶対に乗ることにしています。

アクロポリスから、異世界へ

バスを降りて、いよいよひとつめの旅の目的であるアクロポリスへ。Google マップを使い、アクロポリスまでの最短ルートを表示します。お土産物屋さんが立ち並ぶプラカ地区の古い街並みを抜け、歩くことおよそ15分。遺跡群の入り口がある、丘のふもとに到着しました。

チケット売り場には、世界各地からやって来たであろう大勢の観光客たちの姿が。入場料の12ユーロを払い、ここから丘を登って頂上のパルテノン神殿を目指します。そして、その道中にも、古代ギリシャの遺跡がたくさん。特に素晴らしかったのが、半円形の客席が舞台を取り囲むようにして造られたディオニソス劇場。２５００年も前の人々が、この巨大な劇場で演劇やコンサートを楽しんでいたんだとか！　豊かだなぁ〜。

アクロポリスの丘は１００メートルほどの高さがあり、登っていくのはけっこうハード。

まるで『聖闘士星矢』の世界！　小さい頃から見ていた夢の世界がここに

ゆっくりと景色を見ながら歩いていると、真下にあるアテネの街がどんどん小さくなっていきます。大きな石の階段を上り、いよいよ丘の頂上へ！

最後の一段に足をかけた瞬間、思わず、息をのみました。

「すごい！　天空の街だ！」

私の目に飛び込んできたのは、パルテノン神殿をはじめとした数々の遺跡群とアテネの空。さっきまで歩いていた街並みははるか丘の下にあり、その存在を近くに感じることはありません。ここはまるで、空に浮かんだ小さな島のよう。

それもそのはず、アクロポリスの「アクロ」とはギリシャ語で「高いところ」を指し、「ポリス」は「町、都市」という意味。すなわち、「アクロポリス」とはその言葉自体が「高い丘の上の都市」を表していたのです！

見上げると、青く澄んだ空をとても近くに感じることができました。パルテノン神殿のそばまで、無心で足を進めます。

そのとき、ふと私の脳裏《のうり》によぎった、懐かしい感覚。

「あれ？　何だろう、この感じ。遠い昔にどこかで見たような……小さな頃から慣れ親しんでいるような……。ハッ！　もしかしてこれは……！」

『聖闘士星矢《せいんとせいや》』のアテナ神殿!!!

その光景は、私の世代にとってはまさに胸熱のアニメ、「聖闘士星矢」の世界そのもの！「沙織さん……沙織さんはどこ……？」と、思わずヒロインの姿を探してしまいそうです（世代ネタですみません……）。

丘の上にはパルテノン神殿以外の遺跡もそこかしこに点在していて、とにかく見どころがいっぱい。その中でも、数千年を経て今も残る、古代の息遣いが感じられる石塀が特に気に入りました。石塀の下には芝生が広がり、小さな花が咲いています。これは、「天空の城ラピュタ」でパズーとシータが不時着した、ラピュタの庭にそっくり。私が世界遺産を見て思い出すのは、いつもアニメのことばかりです（笑）。

丘の端には展望台があり、そこに立つと眼下に広がるアテネの街を一望することができました。立っているのは古代のまま時が止まったような場所で、眺めているのは現在のアテネの姿。なんだか自分が古代ギリシャ人になって、未来を見に来たような感覚になってしまいます。

街歩き、そして念願の「サガナキ」

1時間ほど観光してアクロポリスを後にすると、いつものように気ままな街歩き。旧市街であるプラカ地区をぶらぶらと歩きます。石造りの古い街並みにカフェやバー、レストランなどが立ち並び、オープンカフェには昼間からビールやワインを飲むアテネの人たちの姿が。

「えっと……。経済危機なんだよね？　この国。そのわりにみんな昼からお酒飲んで楽しそうにしてるけど、大丈夫なの？」

あまりにもニュース映像とのギャップがある、その光景。余計なお世話ながら、少々心配になってしまいます……。

そして、街を歩きながら通り沿いのお店を見ていると、いたるところに書いてある「Ταβέρνα」の文字。これはギリシャ語で「食堂」という意味で、読み方は「タベルナ」なんだとか。食堂なのに、「タベルナ」(笑)。さらに、1軒のタベルナの看板に書いてあったのが、ふたつめの旅の目的である、あのメニュー！

そう、憧れのギリシャ料理「サガナキ」！

さっそくそのお店に飛び込んで、お目当てのサガナキと、ギリシャビールを注文。私も、昼間から飲んでいるアテネ人の仲間入りです（笑）。

まずオリーブオイルをかけて焼いたトーストと、オリーブのペーストがサービスとして出され、それをつまみにビールを飲みます。ビールは「ミソス」というブランドのもので、スッキリと軽く、日本のものと似た味わい。オリーブがあまりにも美味しくてどんどんお酒が進んでしまい、早くもお腹いっぱいになってしまいそう。しかし、そこにいよいよ、憧れの「サガナキ」が登場です！

サガナキは、ギリシャチーズのかたまり

これがギリシャ名物「サガナキ」。
シンプルだからこそチーズ本来の美味しさを楽しめます

に塩と胡椒《こしょう》を振りかけて、オリーブオイルでこんがりと焼いたシンプルな料理。使用しているギリシャチーズがとても淡白で、オイルで焼いてもしつこくなく、ほどよい塩気が本当に美味！　素朴な料理ゆえに、現地じゃないと味わえない本物の味。あっというまに、ひとりでペロリと平らげてしまいました。

現地で予約するホテル

街歩きの途中、その日の宿をまだ決めていなかったことに気づき、カフェに入ってiPhoneでホテルを検索。Booking.comはスマホ用のアプリもあるので、現地でホテルを探すときには超便利。個人情報やクレジットカードを登録しておけばそのまま支払いをすることもできるので、必要な手続きはアプリ上ですべて完了です。初日のホテルはアットホームで素敵だったけど、お湯が出ないうえにドライヤーもなく散々な思いをしたので、今日は慎重になって、少し予算を上げて検索してみました。

その中で私が気になったのは、中心地から3駅ほど離れたところにある5つ星ホテル。立地がどうなのかといった不安はあるものの、5つ星なのに1泊1万円ちょっとというお手頃価格に魅かれて、今夜の宿はココに決定！　すぐに予約を入れて、そのホテルへ向かうことにしました。

日が暮れる前にチェックインしなければと、荷物をピックアップして足早に地下鉄の駅へ。ところが、予想以上にアテネの地下鉄は難しかった……！

路線は3つだけしかないものの、見慣れないギリシャ語の表示がまったくもって意味不明。自動券売機も操作が難しく、ガイドブック片手に右往左往してしまいました。やはり、買い方は詳しく予習しておくべきだったかな……。

目的の駅で地下鉄を降り、まずは出口を探します。ギリシャ語で「出口」の表示は「Exodus」（エクソダス）。なんだかすごくかっこいい響き！

エクソダスから地上に出て、Googleマップを頼りにホテルへと向かいます。日が暮れ始めて薄暗くなってきたその街は、車は多いのに人通りが少なく、コンクリートの味気ない建物ばかりで少し不気味。私の危険レーダーも、激しく反応しています。暗くなる前にと急いでホテルへ向かい、なんとか無事、夜になる前にチェックインすることができました。

ホテルは5つ星だけあって、お部屋には大きくてフカフカのベッドと豪華なバスルーム、

Ｗｉ－Ｆｉも使い放題で、もちろんドライヤーも完備。どうやら今夜はエアコンで髪を乾かさなくてもよさそうです（笑）。

じゅうぶんにお部屋をチェックすると、今度は夕食をとるため、ホテルの近場でレストラン探し。すると、エントランスを出たところで、ドアマンのお兄さんに呼び止められました。

「ここら辺は少し物騒《ぶっそう》だから、遠くへ行くと危ないですよ。危険な人もいますから」

と、注意を促すお兄さん。

やっぱり、このあたりは治安が良くないんだ…！　私の危険レーダーは間違いじゃなかった！

すっかりびびってしまった私は、お兄さんの言いつけを守ってひとりでウロウロせず、今夜の夕食はホテルの目の前にあったアットホームなギリシャ料理のお店に決定。たくさんあるメニューの中から、イカのフライとギリシャの白ワインを注文しました。

ランチのときと同じように、パンと付け合わせはサービス。甘くないヨーグルトの中にキュウリの千切りが入ったものが出てきて、「変わった料理だなあ」と思ったのですが、食べてみるとすごくさっぱりとしていて、口直しには最高！　ギリシャ料理、もしかしてすごく好みかも。

食後には、この店のご主人であるダンディなおじ様のご好意で「リモンチェッロ」というイタリアのレモン酒をごちそうになり、ほろ酔い気分でお店を後にしました。

新婚旅行用の部屋に、ひとりで泊まる

さて、ホテルの部屋へと戻った私には、やらなければいけないことがありました。それは、「たったひとりの作戦会議」！

すでにアクロポリスを見てサガナキを食べた私は、初日にして旅の目的をふたつともクリア。さらに旧市街も散策しつくし、コンパクトなアテネの街にはもう少々飽き気味……。

しかし、帰国の日まではまだあと3日も残っています。いったい何をして過ごしたらいいのやら？

そこで思いついたのが、地中海の島「サントリーニ島」への1泊旅行。ガイドブックには、アテネから気軽に行ける地中海の素敵な島がたくさん紹介されていました。

iPhoneを使って「サントリーニ島　行き方」で検索してみると、OLYMPIC AIR（オリン

ピックエアー）という航空会社から毎日サントリーニ島までの便が出ていることが判明。いつも利用しているJTBのサイトは日本発の航空券しか予約できないシステムなので、仕方なくOLYMPIC AIRの公式HPに飛んでみることにしました。

日本語の表示がないので少し心配でしたが、わからない英単語はそのつど調べながら、なんとか公式HPから飛行機を予約することに成功。確認のメールがすぐiPhoneに届き、問題なくeチケットを手にすることができました。

飛行機が取れたら次はホテル。得意のBooking.comで検索してみると、サントリーニ島の中心にあるフィラという町に、洞窟《どうくつ》のような雰囲気の素敵なリゾートホテルを発見！　新婚旅行で訪れる夫婦が多いのか、部屋には「ハネムーンスイート」といった甘〜い名前がついています。

しかし、その名前に怖気《おじけ》づくような私ではありません（笑）。

ひとりで泊まってやろうじゃないか！　そのハネムーンスイートとやらに！

幸いこの時期、島はシーズンオフ。こんなにいいホテルなのに、かなりのディスカウント価格で宿泊することができそうです。

超ラッキー！（やけくそ）。

天国のような島

翌朝、シンタグマ広場からエアポートバスに乗ってアテネの空港へ行き、オリンピックエアーのカウンターへ。iPhoneにメールで送られてきたeチケットの画面をスタッフに提示し、チェックインします。昨夜の予約が無事にできているのか少し不安でしたが、まったく問題なくクリア！　ホッと胸をなでおろします。

スーツケースを預けると、手荷物検査をしてすぐに搭乗口へ。国内線だから入国審査もいらないし、思っていたよりもずっと簡単でビックリ！　こんなふうに、スケジュールに余裕があるときは、飛行機でちょっと飛べば、旅の幅がグッと広がります。日本でだって飛行機で日帰りしたりすることはあるし、そんな感覚で地方都市へ行ってみるのも楽しいもの。これ以降、海外旅行をするときには、パリに旅したついでに南仏のニースへ飛んでみたりと、気軽に遠出するようになりました。

50人ほどしか乗れなさそうな、小さな小さなプロペラ機で、約1時間の空の旅。アテネの空港を飛び立つと、あっという間にサントリーニ島に到着です！

島の空港からは、タクシーでホテルへと向かいます。海岸線に出ると、目に飛び込んできたのは、楽園のような地中海の美しい景色！　スカイブルーの海の岸壁に、まぶしいほど白く塗られた建物が連なるように並んでいます。

タクシーは10分ほどでホテルに到着。6室ほどの小さなそのホテルは、フロントもコンパクトでとてもアットホームな雰囲気。たぬきに似た気のよさそうなおじさんが、「君はひとりでハネムーンスイートに泊まるのかい⁉」とオーバーリアクション気味に私を茶化してきます（笑）。こちらも「Can I stay alone?」（ひとりきりで泊まれる？）と大げさに応じると、「もちろん！　ノープロブレム！」とおどけるおじさん。なごやかにチェックインを済ませ、部屋へと案内してもらいます。

❥〝くまだまさしさん〟と「ア・イ・シ・テ・ルのサイン〜♪」

お部屋に荷物を置くと、まずはテラスでエーゲ海を眺めながらのウェルカム・シャンパン。絶景を目の前に飲むシャンパンの味は、本当に格別です！

しばしそんな時間を楽しんでいると、シャンパンを届けてくれたホテルのお兄さん（くま

白い家、石畳の道、そして青い海と空！
まさにサントリーニ島は天国の島

だまさしさん似）が「これからどこか観光するの？」と私に話しかけてきました。バスでサントリーニ島の絶景スポット「イアの村」まで行くつもりだと話すと、「バスは本数が少ないから、イアまで送りますよ」と、くまださん。

「ホテルの送迎あり？　ラッキー！」

そう思った私は、すぐさま「プリーズ！」とお願いすることに。しかし、このときの彼との会話は、実は私が思っていたのとはまったくニュアンスの違うものだったのです……。

言われたとおり、ホテルの入り口で待つこと5分。「ブーン！」というエンジン音とともに私の目の前に現われたのは……なんとヘルメットをかぶり、バイクにまたがったくまださん!!

「まさか……これに乗れと……？」

てっきりホテルの送迎だと思っていた私は、予想外すぎるバイクでの登場にビックリ！　送ってくれると言ったのは、送迎ではなく「個人的に」ということだったの!?

いくらアットホームなホテルとはいえ、これはあまりにもアットホーム過ぎ！（汗）。さすがに海外で初対面の男性とふたりきりになるのはマズイでしょ……！

「イアまではバスで行きます。怖いから」とやんわり乗車拒否すると、くまださんは、

「大丈夫だよ！　僕はバイクにもう6年も乗ってるからね！」（キリッ）と自信満々の顔。そういうことじゃねえよ!!

しかし、少々考えてみた結果、彼はホテルの従業員さんで身元は割れているということ、ここがとてもアットホームな宿だということ、そして、何よりくまださんの態度から下心はなさそうだということで、私の危険レーダーはギリギリセーフの判断を下していました。

ヘルメットをかぶり、思い切ってくまださんのバイクにまたがる私。ベトナムに引き続き、またもや「未来予想図II」の旅へ出発です（笑）。

でも、いまになって考えてみると、「あのときはちょっと無謀なことをしてしまったな……」と自分の行動を猛反省。結果的にくまださんはいい人で、危ないことは何もなかったけど、常に危険が伴う女ひとり旅、身の安全には過剰なくらい気をつけなければいけませんん。良い子は絶対に真似しないでくださいね（汗）。私も、今の自分なら絶対に乗ったりはしません！

美しい景色を横目に颯爽《さっそう》と風を受けて走るバイク。イアに到着するまでの間、くまださんといろいろな話で盛り上がりました。バイクで風を切る大きな音に負けないように、めいっぱい大きな声でしゃべります。

話を聞くと、彼はセルビア出身で、出稼ぎでサントリーニ島に働きに来ているとのこと。「2年くらい住んでいるけど、自然が多くてすごくいいところだよ」と、この島をとても気に入っている様子です。東南アジアを中心によくひとり旅をしているそうで、いつか日本にも行ってみたいと話していました。

バイクは15分ほどでイアの村に到着。

そこは、まさに夢のような世界でした。真っ白い壁に青い屋根の建物が立ち並び、村全体がキラキラした海と太陽からの光を受けて、輝いています。目も眩《くら》むような絶景を前に、まるで絵葉書の中に入り込んだよう！　残念ながらオフシーズンだったのでお店はほとんど閉まっていましたが、人が少なく、ゆっくり観光できて逆にラッキー！

くまださんはイアの絶景スポットを知り尽くしていて、効率よく、ベストなルートで村の中を案内してくれました。さらに写真のセンスも抜群で、カメラマンとしても大活躍！

話をしながら村を歩いていると、突然、海のほうからパラパラと小粒の雨が。くまださんが空を見上げて、小さな声で「サニーレイニー」（お天気雨）とつぶやきました。そのとき、ふと「狐《きつね》の嫁入り」の話を思い出し、英語でなんとか「日本の迷信で、狐が結婚するとサニーレイニーになると言われているよ」と説明すると、くまださんは「リアリー!? フォックス!?」と大爆笑。やっぱり、異文化の迷信って面白く感じるものなんだなあ(笑)。

1時間ほどかけてイアをまわった後、再び「未来予想図Ⅱ」のスタイルで無事ホテルに帰還《きかん》。

「やっぱりくまださんはいい人だったー! 変な下心なんてなかった!」

そう思った矢先……来ちゃいました。くまださんからお食事のお誘い。案内してもらったご恩はあるけど、ここはやはり、華麗《かれい》にスルー。

「ありがとう、でも今日は時差ボケで眠い

ギリシャのくまだまさしさんに撮ってもらった1枚。
結構いい表情おさえてくれています(笑)

からもう寝ます」と、やんわり誘いをお断わり。旅先にロマンスを求めている女性もたまにいますが、私は絶対に無理。あまりにもリスクが高すぎるし、海外に行く目的はあくまでも「旅」。現地の男性とお近づきになるのは、やはりオススメできません。まあ、今回はくまださんが「アリ」か「ナシ」かで言えば「ナシ」だったというのが、最大の理由なんですがね……(笑)。ごめんよ、くまださん。そして紳士的に案内してくれて、本当にありがとう!

人の優しさに触れて

翌日、サントリーニ島を後にしてアテネに戻り、空港から市内まで電車で移動。朝Booking.comで予約したばかりの、旧市街にあるホテルへと向かいます。大きなスーツケースを脇に置き、4人がけで向かい合わせの座席に座っていたところ、隣にいたふくよかな中年女性に「どこへ行くの?」と話しかけられました。

今夜泊まるホテルへ向かう途中だと伝えると、その女性は降りる駅や行き方まで、地図を開いて親切に教えてくれます。そのときの会話は車内の乗客にも筒抜けだったようで、目的の駅に到着したときには、そこに居合わせた10人以上の人たちが一斉に「ここだよ!」と教えてくれました。

お礼を言ってホームへと降りると、みんな電車の中から、心配そうに私を見ています。もしかしたら、日本人の女の子（年齢的には女の子じゃないけど）がひとりで大荷物を抱えて電車に乗っているさまは、現地の人には心もとなく見えたのかも（笑）。こういった「小さな親切」を感じることができるのも、ひとり旅の醍醐《だいご》味《み》です。

恐怖の「クラブタクシー」

ホテルに荷物を置いたら、アテネでの最後の街歩き。初日に行けなかった博物館や新市街など、「Google マップを頼りにぶらぶらと散歩します。そして日が暮れる頃、私はある「絶景スポット」を目指して、タクシーを摑《つか》まえようと再びシンタグマ広場へ向かいました。

その場所へ行こうと決めたのは、サントリーニ島から戻る飛行機で隣の席になった、若い中国人男性のひとことがきっかけ。私がギリシャをひとり旅していると話すと、「もうリカヴィトスの丘には行った？　夜景が綺麗で、すごく素敵だよ」と、アテネ随一の夜景スポットをオススメしてくれたのです。

それまで「日が暮れたら出歩かない」という安全のためのルールを厳守していたのですが、「観光スポットなら大丈夫か……直接タクシーで行って帰ってくれば安心だし」と、ルールを破って広場でタクシーを拾い、そのままリカヴィトスの丘へ。

しかし……たまたま乗ったこのタクシー、実はなんとも恐ろしい「クラブタクシー」だったのです……。

「いまから一緒に飲みに行こうよ！」

少し車を走らせたところで、やんちゃそうな若いドライバーさんに、まずこう誘われました。地下鉄より安全だと思って乗ったのに、まさかタクシーの中でナンパされるとは……。普通のナンパなら当然シカトするところだけど、車に乗っちゃってるから、そう簡単には逃げられないし！（泣）

しかも、このドライバーさん、話を聞いてるとちょっとオカシイ！　なぜか急に「ぼくはスロベニア出身で、デモクラシーが起きたから12歳のときにひとりでギリシャに来た。当時はお金もなくて、絶望的な気持ちになったよ」と、自分の身の上話をひとり語り。まだここまではホロリとする話だったのですが、そのあと急にテンションが上がり、

「でも今は俺ダイジョウブ～！　仕事もある～！　キャー～！」

と、いきなり車内で大絶叫。

さらに彼はどこからかペンライトを取り出して、それを振り回しながら、

「クラブタクシー!!　イエー!!」と叫び始める始末。もうね、完全にヤバイ人。

とにかく、リカヴィトスの丘とか言ってる場合じゃない！　一刻も早くこのタクシーを降りなければ……！　そう判断した私は、車が赤信号で停まったのを見計らい、メーター料金より少し多めのお金を置いて、そそくさとタクシーを降りました。

幸い、降りた場所の近くに大きなホテルがあり、そこのタクシー乗り場から優良タクシーを拾って無事に帰ることができましたが、あのままクラブタクシーに乗っていたらどうなっていたことか……。危なかった～。結局、リカヴィトスの丘には行くのは諦めてしまったけど、それはまたいつか、次に来たときのお楽しみということで。

ちなみに、あとで調べてみたところ、アテネのタクシーは実際かなり評判が悪いようです。マナーの悪いドライバーが多いだけでなく、シンタグマ広場周辺には悪質タクシーもたくさんいるのだとか……。流しのタクシーを拾うよりも、ちゃんとしたタクシー乗り場から乗るのが安心です！

アムステルダムで弾丸観光

そしていよいよ帰国の日。午前中の飛行機に乗るため、朝4時半にホテルをチェックアウト。カギを返してホテルを出ようとすると、フロントのおじさんから「またアテネに来たらこのホテルに泊まってくれるかい？」と、きついハグをされました。つられて私もハグしたものの、なぜチェックアウトするだけで初対面のオッサンとハグしなきゃいけないの……？外国人特有の親しみの表現なのか、ただのスケベ心なのか。まあ、おそらく後者でしょうが、なんだか納得できないなあ……（笑）。

帰りの飛行機も、行きと同じくアムステルダム乗り換え。空港での待ち時間は3時間ほどだったのですが、そのときふと、私の脳裏にある考えが……！

「3時間あったら、空港の外に出てアムステルダムの街を観光できちゃうんじゃない？」

その作戦が可能かどうか、思いついたらすぐにiPhoneで検索。「アムステルダム　乗り換え　空港の外」などのワードで調べた結果、わかったのは、ＥＵ圏内（シェンゲン協定加盟国内）では乗り換え時に空港の外に出られるということ、そしてアムステルダム市内までは、空港から電車に乗って15分ほどで行けるということ！

出発1時間前には空港に帰って来るとして、移動の時間を多めに見積もっても、まるまる1時間ほどは市内観光できそうです。

とはいえ、ちょっと無謀にも思えるその作戦。私もさすがに考えました。

「ミスをすれば成田行きの飛行機を逃してしまう恐れがある。でも、いまだ上陸したことのないアムステルダムの街はぜひ見てみたい。これは好奇心と時間との戦いだ！　よし決めた！　アムステルダム中央駅へ向かうぞ！」

悩んで時間をムダにするくらいなら、動きながら悩めばいい！

そうと決まれば、急いで空港駅のチケット売り場へ。

自動券売機で電車のチケットを買うのに少し苦戦したものの、なんとか無事に往復券をゲットし、電車に乗りこむことに成功。作戦どおり、15分ほどでアムステルダム中央駅に到着することができました。

アムステルダム中央駅は赤レンガのクラシックな作りが存在感を放っていて、外観はあの東京駅とそっくり！（東京駅は、アムステルダム中央駅をモデルにしたという俗説あり）

アムステルダムの街に一歩足を踏み出すと、目の前に広がっていたのは真っ白な世界。周囲に立ち並ぶおとぎ話のような可愛い建物が、吹雪の向こうに白く霞《かす》んで見えます。凍《い》てつくような寒さの中、Googleマップを頼りに、慎重に歩き始めました。

人の波に乗って、まったく土地鑑のない場所をてくてくと歩いて行きます。いつもならどうしようもなくワクワクするところだけど……初めてのアムステルダムは、私にとって、ただただ怖かった……！

観光客らしき集団について行くと、最初にたどり着いたのは、なんと「大麻カフェ」！アムステルダムではあちこちにあると聞いたことはありますが、まさかこんなところで堂々と営業しているとは！

カラフルなペイントが施されたそのお店は、外から見ると一見、ふつうのカフェのよう。観光客が珍しそうに写真を撮ったり、中を覗いたりしていなければ、ここがそんな場所だなんて、絶対にわかりませんでした。私も観光客に続いて店の窓から中を覗くと、すぐそばに見えたのは、ふたり組の女性客。窓際のテーブル席で、なにやら煙草《たばこ》のようなものを吸っています。

「……ヤバイ！　あの人たち、大麻吸ってる!!」

急に恐ろしい気持ちになり、不安は一気に最高潮。なんだかその場にいてはいけないような気持ちになりましたが、他の観光客はパシャパシャとカフェに向かってカメラのシャッターを切り続けています。私も素早くポケットからカメラを取り出し、1枚だけ写真を撮って（↑撮ったのかよ！）、逃げるようにその場を後にしました。

しかし、そんなショッキングな体験をしたせいで、そのあと街歩きしていても、目の前にいる人たちがみんな大麻をやっているんじゃないかと不安な気持ちになってしまいます。ふざけて大きな声を出している若者たちとすれ違うときなんかは、「急に何されるかわかったもんじゃないぞ」と、超警戒《けいかい》モード。目の前は吹雪で数メートル先が見えないほど真っ白で、それがさらに、私を不安にさせました。

半泣きで歩いている私の前に続いて現われたのが、路地のすきまに並ぶピンクの飾り窓。これもまた、噂に聞いたアムステルダムの裏名物です。小さな扉の奥では合法的に売春が行なわれているそうで、閉まっているカーテンの奥でどんな行為がくりひろげられているのか、妄想はかきたてられるいっぽう。

さらには、若者や家族連れも歩く大きな通りの真ん中に、堂々と「セックスショップ」と書かれた看板の姿も。レストランやファーストフードと並んで、アダルトなお店が真っ昼間から普通に営業しています。

「な、なんだか、ものすごいところだぞ！　アムステルダム!!　旅の予習はしてきてないから、どんどん不安が増してくよーーー!!!!」

50分間の慌ただしいアムステルダム観光を終えて、ドキドキがおさまらないまま、急いで空港へと戻ります。しかし、アムステルダム中央駅はとにかく広く、ホームが多すぎてなかなか乗り場が見つかりません。駅員さんを見つけるたびにチケットを見せて「エアポート!?」と聞いてまわり、最後にはダッシュで、なんとか空港行きの電車に乗ることができました。無事に帰国の飛行機にも間に合い、私の初めての「ギリシャ&弾丸アムステルダムの旅」は終了。最後はちょっと怖い思いもしたけど、たくさんの貴重な経験を胸に、今回の旅は幕を閉じたのでした。

年齢から自由になる人生

ギリシャの旅をして新たに感じたのは、**「旅は自由でいい」**ということ。限られた時間の中で、綿密にスケジュールを組んで旅をするのもひとつの楽しみ方だけど、どのタイミングで、どんな順序で、どんなことをするか……そのとき感じたままに動いてみると、自分でも想像できなかったような面白い旅になったりするものです。

「旅は自由でいい」と思うと、おのずと「人生も自由でいい」と考えられるようになったのも、今回のギリシャ旅行の大きな収穫。日常に追われて暮らしていると、知らず知らずのうちに「世間の決めた人生設計」のようなものを意識してしまいませんか？　○歳くらいで結婚して、相手は年収○○○万円以上の人で、○歳くらいで子どもを作って、○歳くらいでマンション買って……などなど。私も「30の壁」をこえるまでは少〜しだけ、「そう生きないといけないのかな？」と感じたこともありました。現実に、同級生たちは続々とそんな道を歩んでいってたし……。30過ぎたら、さらに焦りが出てくるのかな？　って、ちょっと不安でした。

だけど、**30歳になったとたん、逆にそんな「見えない呪縛《じゅばく》」からスッと解放されたん**ですよね。「30までに」って思っていたことをいったん白紙にしたら、すごく自由な気持ちになれた（笑）。そしてひとり旅を楽しんでいるうちに「予定に縛られないって、めっちゃ気持ちいい！」と心底、思うようになりました。

旅も人生も、どんなふうにしたいかは人それぞれ。結局どうすれば正解だったかなんて終わってみるまでわからないし、固定観念で自分を苦しめる人生なんて、楽しくないですよね！

第四章

危険な目にも遭いました……

「親日の国」？　トルコへ

ひとり旅をするようになってから約1年半。それまで7カ国ほどを旅してだんだんと旅慣れてきた私は、新たな経験を求めて、今までひとりでは訪れたことのなかった、中東を旅してみることにしました。行先は、以前から興味のあったトルコ、イスタンブール。

イスタンブールに決めた理由は、中東の中でも比較的治安が良さそうだということと、旅行雑誌『TRANSIT』の特集で見たモスクの写真がとても美しかったこと。そしてちょうどその頃、テレビでトルコが「親日の国」だと紹介されていたのが印象に残ったからでした。

しかし、それまで私がイスタンブールに対して抱いていたイメージといえば、庄野真代《しょうのまよ》さんの名曲『飛んでイスタンブール』くらい（笑）。歌詞に登場する「夜だけのパラダイス♪」というフレーズに、妖《あや》しげなイメージがふくらみます。さらに、あるセクシー系女優さんが雑誌のインタビューで「大失恋をしたとき、気がついたらトルコのイスタンブールに来ていた」と語っていたのを思い出し、私の中のイスタンブール像は「なんだかもう、とにかくすごい所らしい！」という印象に。得体の知れない国ですが、行ってみて自分がどう感じるのか、興味津々《きょうみしんしん》です。

さっそく航空券を検索してみたところ、予定にぴったりはまったのはトルコ航空、関空発のイスタンブール直行便。大阪でのレギュラー番組の収録後、そのまま関空に向かい、深夜の便で飛び立てるという、超効率的なスケジュール。リーズナブルな割引航空券があったので、すぐに予約を入れました。

そして次は、いつもの「Booking.com」でホテル探し。2泊という短い旅なので、今回は立地の良さを重視して、観光スポットが集まる歴史地区「スルタンアフメット」のど真ん中に宿をとることにしました。ホテルの写真や口コミをたくさんチェックし、今回の基地に決めたのは「And Hotel」というプチホテル。1泊8000円ほどとリーズナブルで、立地も雰囲気もすごく良さそう。さらに、「お部屋からブルーモスクが見える」という魅力的な売り文句に魅かれて、ココを選びました。

ホテルを選ぶときのコツは、とにかく写真をたくさん見ること。たいてい室内の写真は実物よりも「盛っている」ことが多いので、気になったホテルはBooking.com以外にagodaやExpediaなど他の検索サイトでもチェックします。ホテルの公式ホームページがあればそれも確認するのがベスト。より多くの写真を見て、自分がそこに泊まったときのイメージを描くことが大切です。

出発当日。大阪での仕事を終え、ガラガラと大荷物を引いて関西国際空港へ。早めにチェックインを済ませ、関空のお寿司屋さんでいつもの「儀式」です。毎度のように、やっぱり最後は納豆巻きで〆。だんだんと出発気分が盛り上がります。

深夜便を利用するときにとても便利なのが、ラウンジにある有料のシャワールーム。料金は空港によって違いますが、だいたい30分５００円ほど。今回私が使った「KIX refresh cabin」はすべてパウダールーム付きの個室で、とってもキレイだし、すごく快適！　出発前に全身洗って、ゆっくりと髪の毛を乾かし、お肌のお手入れをしてから搭乗することができるので、女性にはうれしい施設です。仕事から海外に直行するときには、絶対に利用するべし！

さあ、さっぱりとリフレッシュしたところで、気持ちよく機内へ。離陸したあとはワインでも飲んですぐに寝てしまおうと、飲み物が運ばれてくるのを待っていたのですが……ここで、とても印象的な出来事が。

飲み物よりも先に、ＣＡさんが乗客ひとりひとりに、1枚の紙を配り始めたのです。「なんだろう?」と不思議に思い、受け取った紙を見てみると、そこには目を疑うあるものが……。

表の面にデカデカと印刷されていたのは、なんと原子力のマーク。驚いて裏面を見てみると、英文で注意書きのようなものが書いてあります。なんとか訳してみたところ、そこに書かれていたのは「3月11日以降に福島周辺にいた人で、気分の悪くなった者は自己申告をすること。その場合、今着ている服を脱いでビニール袋に入れる

トルコ航空の機内で配られた紙。福島の原発事故後、
放射能汚染に対する警戒がどれほど大きいか実感しました

こと」というような、深刻な内容。

いまもなお、不安が続いている東日本大震災に伴う福島の原発事故と放射能汚染。この問題が、日本だけではなく世界的にも不安をもたらしているのだと実感した瞬間でした。

イスタンブールの地下鉄に悪戦苦闘

13時間半のフライトを経て、イスタンブールのアタテュルク国際空港に到着したのは現地時間の午前5時過ぎ。まだ早い時間だというのに、空港はたくさんの人々で活気づいていました。行き交う人たちの顔の濃さが、「ああ、中東にいるんだなあ」と私に実感させてくれます。

予約したホテルがある歴史地区のスルタンアフメット駅へ向かうため、まずは、スーツケースを引いて地下鉄の乗り場へ。

看板の表示を頼りに国際線出口から歩くこと約5分。地下鉄の乗り場にたどり着くと、まだ入り口のシャッターは下りたまま。始発の時間まで、多くの観光客がシャッターの前に待機しています。私も他の観光客に混じって、スーツケースとともにしばし待機。

6時になりシャッターが上がると、みんな一斉に、吸い込まれるようにして駅の中へと入っていきます。その流れに乗って、さっそくイスタンブールの地下鉄を初体験！

最初の難関は、「ジェトン」というコイン式の切符の買い方。1・75TL（トルコリラ）という表示を見て、まず2TLを投入したものの、そこからどうすればいいのかまったくわからない!!（泣）初めて体験するジェトンの券売機を前に、すっかり困り果てていた私。すると、突然背後から、ありがた〜い救いの手が！

振り向くと、すぐ後ろに並んでいたトルコ人の男性が、「1枚でいいんでしょ？」というようなことを言いながら慣れた手つきでチャチャチャッと券売機のボタンを押し、ジェトンを買ってくれたのです。私は慌てて、カランという音を立てて出てきたおつりとジェトンを取り、男性にひとことお礼を言って、無事にホームへと向かいました。しょっぱなからどうなることかと思ったけど、本当に助かった〜！

しかし、毎回こんなふうに都合よく誰かが助けてくれるとは限りません。なんとか早く自分でジェトンを買えるようにならなければ……。そう思った私は、さっそくiPhoneを駆使して、ジェトンの買い方をネットで調べまくりました。一番役に立ったのは、YouTubeにアップされていた「ジェトンの自販機」のデモンストレーション動画。海外での切符の買い方は、旅行者のブログや動画サイトにアップされていることが多く、予習をするには一番の教材。私もその動画を見て、ちゃんとひとりでジェトンを買えるようになりました。しかし、この「ジェトン」、今後はSuicaのようなプリペイド式カードが主流になるため、廃止の方向なんだとか。せっかく買い方覚えたのにな〜。残念。

イスタンブールの空港駅のホームは、タイルでモザイク模様が造られていて、とてもエキゾチック。到着早々、異国情緒に浸《ひた》ってしまいます。それにしても、トルコの駅の名前というのは耳慣れない音のせいか、見慣れない文字のせいか、覚えられる気が全然しない！（泣）乗り換えの「ゼイティンブルヌ駅」を乗り過ごさないよう、必死の思いで停まる駅の名前をひとつひとつ確認します。

なんとかトラムに乗り換えることに成功し、空港を出発して約1時間。ようやく目的のスルタンアフメット駅に到着です！

さて、無事に駅まで着いたものの、ここで本日2度目の難関が。

イスタンブールのトラムの改札は、レバーをガチャンと回しながら通り抜ける仕組みになっているのですが、なんと、私の大きなスーツケースがレバーにひっかかって、改札を通れない（泣）。これは大ピンチ！

「重いけど、上に持ち上げて通るしかないか……」。覚悟を決めようとしたそのとき。その様子を見ていたひとりのトルコ人男性がヒョイッと私のスーツケースを持ち上げて、改札の向こう側へ下ろしてくれたではありませんか！「Thank you for your kindness.」（ご親切にありがとうございます）とお礼を言うと、男性は大きな白い歯を見せてニコッと笑い、そのままさっそうと、どこかへ去っていきました。なんて男前！

イスタンブールに到着してから、ここまでですでに2度も現地の方に助けてもらった私。「やっぱりトルコは親日の国だ！　トルコの人は日本人に親切なんだ！」と、テレビの情報を思い出し、ひとり納得したのでした。

しかし……私のその思いは、このあともろくも崩れ去ることになるのです……。

「親日」とか言ってるけど……

駅からはGoogleマップを頼りに歩き、5分ほどで予約していたホテルに到着。チェックインの時間まではまだ早いため、とりあえず荷物だけフロントに預けて、さっそく街を散策します。

このあたりは歴史地区と言われるだけあって、周辺にはモスクや宮殿などの観光スポットがたくさんあり、お店が立ち並ぶメイン通りからも中東の香りがプンプン！　夜明けの空をバックにたたずむ歴史建築は、とても神秘的です。

少し遠くに見えてきたのは、イスタンブールの象徴《しょうちょう》であるブルーモスク。私が雑誌で見たあの写真のモスクが、実物となって目の前に現われました。その姿は、とても美しくてミステリアス。圧倒的な存在感ながらも、屋根の淡いブルーが優しげな印象を与えています。

観光の前にまずは朝食をとろうと、開店したばかりのパン屋さんでサンドイッチとチェリーのジュースを買い、ブルーモスクを一望できる「スルタンアフメット広場」へ。ベンチに座って朝食を食べつつ、ブルーモスクがオープンする8時まで、のんびりと過ごす計画です。

しかし……私にとってここからが、イスタンブールでの「試練」の始まりとなるのです……。

広場に入ったところで、突然、カジュアルなパーカー姿の若いトルコ人男性が私に声をかけてきました。「どこに行くの？　観光？　案内しようか？」。とても聞きやすい、流暢《りゅうちょう》な英語です。

2度も現地の方に優しくしてもらったことで、すっかり「トルコ人＝親日」というフィルターがかかってしまっていた私。「やっぱりトルコの人は優しいなあ、この人も私が日本人だから親切にしてくれるんだな」と思い、しばらく相手をしていたのですが……。

よくよく話を聞いてたら、親日家じゃなく、ただのナンパ師!!

誘いを断わってもしつこくついてくるし、「連絡先だけでも教えて」と図々しく要求してくるし……。普通ならすぐに無視するところだけど、「親日」という先入観で、一瞬、親切心かと勘違いしちゃったじゃないか！

なんとか男を振り払い、朝食をとるため広場の中でいちばん景観のいいベンチを見つけ、そこに腰掛けてホッとひと安心。気を取り直して、モスクを眺めながらの朝食タイムです。

しかし、ひと息ついたのも束の間。「さあ食べるぞ！」と、サンドイッチにかぶりつこうとしたそのとき、なんと私の隣に、いきなり別の中年トルコ人男性が座ってきたのです！

立派な口ひげをたくわえたそのトルコ人男性は、「こんにちは。ひとりですか？」とさりげなくフェードインしてきて、「自分はガイドの仕事をしてるんだけど、今は客の自由行動の時間だからここで休憩してるんだ」と、どうでもいい話を続けます。私がサンドイッチを食べているあいだもずっと彼のトークは続き、しまいには「仕事が終わったら、一緒に美味しいトルコ料理を食べよう」と、食事のお誘い。

あのね……。

お願いだからひとりでゆっくりごはん食べさせて！（泣）

さすがに鬱陶《うっとう》しくなり、急いでサンドイッチを食べ終えると私は「夫がホテルで待ってるからごめんなさいね」とハッタリをかまし、そそくさとその場から退散。せっかくモスクを眺めながら素敵な朝食タイムを過ごそうと思ったのに……！

ちなみに私が食べたサンドイッチは、表面をこんがり焼いたパンに塩気の強いギリシャのフェタチーズとフレッシュなトマトをはさんだ、シンプルなもの。とても美味しかったのですが、ナンパのせいでまったく味に集中できなかった……（泣）。

モスクがオープンするまで時間をつぶそうと、メイン通りへと戻ったところで、またもや私に新たな試練が。今度の男性は背が高くサングラスをかけていて、英語ではなく日本語ペラペラ。

「日本人デスカ？　キレイデスネ。ワタシ、驚キマシタ。日本ノ女ノコ、ホントニカワイイ！」

言われているほうが恥ずかしくなるくらいの、お世辞《せじ》の連続攻撃。これでいい気になってしまうほど、私もバカではありません。もう相手にするのも面倒だったので、完全無視を決めこんだまま、ダッシュでその場から逃走しました。

……5分とひとりでいられないのか、この国は！（怒）

ダッシュで息を切らしながら、イスタンブールの中心で叫びたくなってしまいます。これだけ次々に寄って来られると、さすがに疲れる……。

もう「トルコが親日」という話は、一度忘れてもいいですか⁉　こんなんじゃ、ゆっくり観光ができないよ！（泣）

ブルーモスクの神秘的な美しさにあんぐり

近くで見るブルーモスク（正式名称はスルタンアフメット・ジャーミィ）は想像以上に美しい建造物でした。最も有名な観光スポットというだけあって、入り口には観光客の長蛇の列が。さっそく、私もその列に加わります。

イスラム教徒の寺院であるモスクを訪れる際に気をつけなければいけないのが、「肌の露出」。観光地化されているモスクではそこまで厳しくないようですが、やはりここはきちんと敬意を払い、ジャケットとロングスカートで最低限の露出に抑えます。大判のストールを1枚持っていると、肌も隠せるし、冷え対策にも使えるので便利。

モスクの中は、土足厳禁。観光客は入り口に置いてあるビニール袋に靴を入れ、それを持って中へと入ります。すると、前に並んでいた日本人観光客のおば様たちの何気ない会話が、私の耳に入ってきました。

「ちゃんとビニール袋を開けられるか、自信ないわ～」

「指なめてから開けるしかないわね」

歳をとると手が乾燥してスーパーの袋を開けづらくなると聞きますが、イスタンブールに来てまでそんな心配をしているとは（笑）。おば様たち、なんだか可愛い！

モスクの中へ一歩足を踏み入れると、そこは華麗な別世界。

キレイ！　広い！　天井高〜い!!

ダイナミックなモスクの天井には、さまざまな模様が描かれた「イズニックタイル」が全面に張り巡らされ、その見事な風合いにただ口をあけたまま上を見つめるばかり。あまりにも長く天井を見上げていたので、気づけば首が痛くなってしまいました。

「ハーレム」の元祖!?

続いて私が向かったのは、「オスマン帝国の栄華を感じることができる」という、トプカプ宮殿。70万平方メートルの広大な敷地内に庭園や宝物館などが並ぶ、メジャーな観光スポットです。

とは言っても、受験で世界史を選択しなかった私にとって、「オスマン帝国」と言われてもいったい何のことやら……？　とりあえずは「まあ、宮殿っていうくらいだし偉い人が住んでたんでしょ」くらいの感覚で、気軽に見学してみることに(笑)。

大きな門から中に入ると、とにかく一面だだっ広い！　じっくり全部見ていたら、丸1日はかかってしまいそう。知識がなくて歴史に思いを馳せられなくても、建物の美しさやエキゾチックなムードを楽しみつつ、散歩気分でぶらぶらと宮殿内を歩きました。

特に印象に残ったのは、宮殿の女性たちが暮らしていたという「ハレム」。タイルやシャンデリアなど豪華な装飾が施された室内に、色とりどりの衣装を着た女性の人形が置かれていて、その華やかさはまさに「女の園」といった雰囲気。おじさんが女性に囲まれたときに言う、「ハーレムだぁ」というセリフはきっとココから来ているんでしょうね。

でも、女だけということはやはり「大奥」のように、嫉妬や憎悪の渦巻く、ドロドロした社会だったのかも……。そう思うと、こんなに華やかな空間も、急に恐ろしいものに思えてしまいます(笑)。

そして一番長い行列ができていたのが、「スプーン屋のダイヤモンド」と呼ばれる超巨大ダイヤが展示されている宝物館。その大きさ、なんと86カラット！　もはやちょっとしたジャガイモくらいのサイズです。近くで見ると本当に大きくて驚いたけど、あそこまで大きいとむしろ本物に見えなかったなあ……。

ドラクエ実写版⁉　地下宮殿

次に向かったスポットは、同じ歴史地区にある「地下宮殿」と呼ばれる場所。ガイドブックでは小さ〜くオマケ程度にしか取り上げられていなかったので、「ついでに行ってみるか」程度の気持ちで、あまり期待はせずに、とりあえず訪れてみることにしました。

しかし、Googleマップ片手に近くまで行ってみたものの、地下宮殿らしきものはどこにも見当たりません。「おかしいな〜？」と思い、周囲をよくよく捜索してみると……、小さな建物の外に、短い人の列ができている場所を発見！

その列に近づいてみると、なんと、ココが地下宮殿の入り口のよう。も……、ものすごく地味!!　あまりにも目立たないので、危うく見過ごしてしまうところでした。

受付で入場券を購入し、地下へと通じる階段をゆっくりと降りて行きます。下に行くにつれ足元が暗くなってきましたが、この先に何があるのかは、まったく想像がつきません。

しかし！　階段を降りると、私の目の前には想像のはるかナナメ上をいく、もの凄い光景が!!

「おおおお!! 何コレ!? ダンジョン!?」

現われたのは、「ドラクエ」に出てくるような、ゲームのダンジョンそっくりの世界。薄暗く広い地下室に大きな柱が整然と立ち並び、怪しげなライティングとBGMが異様な世界観を演出しています。冷んやりとした空気の中に「ピチャッ……ピチャッ…」と水の滴《したた》る音が響いて、さらに不気味!

この世界観はファミコン世代の私にとって、もはやリアルRPG。ドラクエでダンジョンに入ったときの、「ザッザッザッ」という効果音が、脳裏に聞こえてくる気がします。いや、ここは「ゼルダの伝説」か。隠し階段を発見したときのあの効果音なんか、この雰囲気にピッタリ。奥まで行ったら、中ボスくらい出てきそう。

一気にゲームの世界に入り込み、完全にテンションが上がってしまった私。地下宮殿、さっきまで完全にナメてました……。ほんとにごめんなさい。

さて、実はこの場所、宮殿といっても実際は1500年も前に使われていたという、貯水池。長さ約140メートル、幅約70メートルの巨大な空間には廊下が渡され、歩いて見学できるようになっています。

通路を進んでいくと、目に飛び込んできたのは巨大なメデューサの頭部。メデューサは、眼を見た人の姿を石に変えてしまうという伝説の怪物。その魔力を封じるためなのか、いくつかあったメデューサの首は、どれも横や逆さを向いていました。

さらに進むと、今度は目玉のような小さな穴がいくつも空いた柱を発見。見ていると、その穴にほとんどの観光客が親指を差し込んで、クルッと回しています。団体ツアーのガイドさんの説明を盗み聞きしたところ、なんでも、こうすることで幸運になれるというジンクスがあるんだとか。私も「幸せになりますように」と心の中で祈りつつ、真似してクルッとやっておきました（笑）。

ガイドブックでは地味～な存在だったこの地下宮殿ですが、私にとってはブルーモスクやトプカプ宮殿よりも、断然楽しめる観光スポット!!　軽い気持ちで来てみたけど、訪れて本当に良かったな。

自分の感覚を信じるのって、実はすごく大切なこと。**何をどう感じるかは人それぞれだし、みんなと同じじゃなくたって、自分が本当に満足できることが見つかれば、それが一番幸せですよね。**人生もきっと、そんな感じでいいんだよなあ、とこのとき実感したのでした。

「チャイ、飲んでいきませんか?」という危うい誘い

トルコの人たちはみんな「チャイ」が大好き。「チャイ」と言っても、インドのチャイのようなスパイシーなミルクティーとは違い、ここでは角砂糖などを加えた、甘い紅茶のことを指します。アップルやミントなどのフレーバーチャイを色とりどりの小さなグラスで飲むのが一般的で、トルコ人は朝・昼・晩と、1日に10〜20杯ほども飲むのだとか!

イスタンブールの街を歩いていると、よく「チャイでも飲んでいかない?」と声をかけられます。お店でもすぐに「チャイどうぞ」とすすめられるし、街じゅう、いたるところに道端でチャイを飲みながらおしゃべりする人たちの姿が。ここでは、チャイは大切な文化のよう。

歴史地区を歩いていると、1軒の絨毯《じゅうたん》屋さんの前で「チャイどうですか」と日本語の達者なトルコ人店員に話しかけられました。背が小さくて童顔なので初めは子どもかと思いましたが、顔に刻まれた複数のシワを見ると、歳の頃は40そこそこといった感じ。

親指を入れて回すと「幸せになれる」と聞いて、早速試してみました。
その効果は……ちょっとわかりません（笑）

「私、去年まで日本にいたんです。8年くらい中野坂上《なかのさかうえ》に住んでたんですけどね、わかります？　中野坂上」

日本語の発音は驚くほど完璧で、出してくる東京の地名もかなり渋め。彼が日本に精通していることは間違いなさそうだし、私はすっかり、彼を信用してしまいました。

「絨毯買えとか、そういうことは一切ないんで、1杯だけ飲んでいってください。日本語のガイドブックも置いてあるから、いろいろ教えますよ」と言われ、「じゃあ、1杯だけ（もし絨毯勧めて来ても絶対買わないもんね）」と、お店にお邪魔することに。

店内の椅子に座って「地球の歩き方」を読みつつチャイを飲んでいると、店の奥から出てきたのは、さっきのトルコ人店員とは別の、イケメン風な絨毯屋の若社長。私に「こんにちは」と日本語で軽く挨拶すると、そのあとはペラペラと英語で話しかけてきます。

二言三言、イケメン若社長と会話を交わしているうち、気づけば最初に話しかけてきた日本語ペラペラのトルコ人の姿が見えなくなり、店内はいつの間にか、私と若社長ふたりきりに。

「あれ？　あの人どこ行った……？」。不審に思っていると、しだいに会話の雲行きが怪しくなり、若社長の「君は本当に素晴らしいね。驚いた。瞳がまるでダイヤモンドのようだよ！」という、あまりにベタすぎるお世辞攻撃が始まったのです。

（うわー、始まっちゃった。こうなったら適当に切り上げて早いとこ退散せねば……）

帰るタイミングを見計らっていると、若社長は「今夜、大切な友達のパーティーがあるんだけど、ぜひ君に来てほしいんだ。僕のガールフレンドだといって紹介したい」と突拍子《とっぴょうし》もないことを言い出しました。

無理無理！　そんなのにホイホイついて行ったら何されるかわかったもんじゃない！

身の危険を感じた私は「ありがとう、でも行けません」と断わって、そそくさと店を出る態勢に。しかし、ここでイケメン社長がまさかの逆ギレ。

「なんで君はチャンスを自分から手放すんだ！　イスタンブールはドリームをつかむ場所だ！」

……はぁ⁉　何言ってんの、この人⁉　まったく意味がわかりません。これ以上話しても意味がないと思った私はスッと椅子から立ち上がり、そのまま店の出口へと向かいました。

しかし……！　なんとそのとき、逆ギレ社長が背後からいきなり私の腕をガシッとつかみ、強引に引き止めてきたのです。

やばい！　下手したらやられる！（いろんな意味で）

そう思った私は力ずくで相手の手を振りほどき、店の出口まで全力ダッシュ！　逆ギレ社長が追いかけてくる気配を後ろに感じながらも、そのまま大通りを逃走し、人がたくさんいる場所までとにかく一心不乱に走りました。

トラムの駅の近くで足を止め、乱れた呼吸を整えていると、私のあまりに必死の形相《ぎょうそう》を見たトルコ人のおじさんが「大丈夫？」と心配そうに覗《のぞ》きこんできます。トルコ語だったので意味はわからないものの、「どうした？　何があったんだ？」というようなことを言っているのがわかりました。

逆ギレ男がもう私を追ってきていないのを確認してから「No problem,thank you.」（大丈夫。ありがとう）とひとこと言って、なんとか心を落ち着かせます。そして、呼吸と心臓の音がだんだんと正常に戻るにつれ、じわじわと恐怖が襲ってきました。

もしあのまま逃げきれていなかったら……。そう思うと、ぞっとして背筋が寒くなり、足が震えます。

まさに、危機一髪。恐ろしいことにならなくて、本当に良かった……。

女性を惑わすイスタンブールの現実

イスタンブール初日に怒濤《どとう》の洗礼を受けてヘトヘトになった私は、「とにかく作戦を立て直さねば」と、その夜は近くのスーパーで食料を買い込み、ホテルに籠城《ろうじょう》。iPhone を駆使して、イスタンブールの男性事情について調べてみることにしました。

手はじめに「トルコ　ナンパ」というワードを入力し、ネットで検索してみたところ……。

出るわ出るわの大騒ぎ！

「ナンパが多くてびっくりした」という旅行者のブログや掲示板のコメントなどが、ものすごい勢いでひっかかります。読んでみると、そのほとんどが「うんざりした」という意見。

しかし、中には「トルコ人にすごくモテた」と言って喜んでいる女の人もちらほら……。

残念ですが、それ「モテ」とは違いますから……。

さらに検索を続けると、ナンパのみならず、トルコ人男性に騙《だま》されてお金を取られたという人のブログまで発見！　過去の記事にさかのぼって、それらをすべて読みました。

そしてブログや書き込みを読みあさること数時間……。いままで私が知らなかったイスタンブール旅行の現実が、だんだんと見えてきたのです……。

まず肝に銘じておかなければいけないのは、イスタンブールには親日の方々がたくさんいる反面、日本人女性のことを「カモ」だと思っている男性も少なからずいるのだということ。

実際に、イスタンブールで日本人女性がトルコ人男性から声をかけられて恋愛関係になり、それがお金のトラブルへと発展するケースが多発しているそうです。国際恋愛にもオープンで、お金も持っている日本人女性は、彼らからすれば格好のターゲット。

例えば、こんなケース。イケメンのトルコ人男性に好意を持たれて舞い上がり、結婚をほのめかされたうえで「トルコでは愛の誓いにふたりで絨毯を買うんだよ」と言われ、数十万~数百万の絨毯をクレジットカードで購入。一度日本に帰ってトルコにいる彼に連絡を取るも、しだいに音信不通になり、誠実とはほど遠い対応をされてしまう……。こんな事件が実際にあったんだとか。

おまけにその絨毯も、価値を鑑定してもらったら買った値段の数十分の一しかなかった……という結末付き。訴えようにも、海外にいる男を相手にこれを「詐欺《さぎ》」だと立証するのはかなり難しく、泣き寝入りする人が多いのだそうです。

さらには、このような恋愛がらみの金銭トラブルどころか、悲しいことに性的暴行の被害に遭ってしまった日本人女性たちも……。

外務省の海外安全ホームページを見ていたとき、目についたのが「トルコ　性犯罪被害に関する注意喚起」のページ。読んでみると、そこには「イスタンブール市内において、女性個人旅行者が日本語や英語で親しげに話しかけられ、その後、じゅうたん屋等に誘い込まれ性的被害にあった（相手側は室内の隠しカメラで二人の親しげな様子を撮影し、合意の上だと後の裁判で抗弁できるよう準備をしているケースも）」と書かれているではありませんか。

ぎゃーーーーーーーー!!!

やばかった！　あのときやっぱり、本気でやばかった!!

本当に、自分は運が良かったとしか言いようがありません。もしあのとき、逃げきれていなかったら……。思い返すと、改めて背筋《せすじ》が寒くなりました。

他にも、日本人女性がトルコでトラブルに巻き込まれる事例はたくさん報告されているそうで、旅をする際には細心の注意が必要です。簡単に人を信用するのは絶対にやめましょう。トルコでは本当に親切にしてくれる人もたくさんいますが、身の安全には代えられません！

ローカルな香り！　エジプシャンバザール

翌朝、いかにも中東の雰囲気をかもしだすアザーン（イスラム教の礼拝を呼びかける声）で目を覚ますと、まずはホテルのビュッフェで腹ごしらえ。「今日は誰が寄ってきても絶対に蹴散《けち》らしてやるぞ！」と、昨日の教訓を踏まえて気合いを入れます。

本日最初の目的地は、イスタンブールの超有名スポット「グランドバザール」。そこは15世紀が始まりと言われる、世界最古の超巨大アーケード街。最寄りのベアズット駅を降りると、入り口の大きな門が目の前にそびえ立っていました。

中へ入ってまず目に飛び込んできたのは、芸術的なその天井！　黄色のタイルで造られたモザイク柄が鮮やかで、異国情緒たっぷり。両サイドのお店には色とりどりの雑貨が並び、その間をたくさんの旅行者たちが行き交っていました。

グランドバザールの客引きは、とにかく日本語が上手。私を日本人と見るや、流暢な日本語を使って、巧みにセールストークをしてきます。そしてなぜか、トークの最後に、

「オッパッピー!!」

と叫ぶ人、多数（笑）。日本人から教わったんだろうけど、それ、ちょっと古いよ（笑）。

さらに、ここではナンパのほうも絶賛営業中。前日の教訓を生かして、きっぱりとNO！を連発していたものの、激しい客引きとナンパの嵐にほとほと疲れ果ててしまい、結局何ひとつ買うことなく、グランドバザールを後にしたのでした。

トラムに乗って次に向かったのは、イスタンブールにあるもうひとつの市場、エジプシャンバザール。

別名「スパイスバザール」というだけあって、市場の中にはスパイスやハーブの刺激的な香りが立ちこめています。造りはグランドバザールとよく似ていますが、それよりはもう少しコンパクトで雰囲気も庶民的。お土産物屋だけでなく、手芸用品店や食料品店なども軒《のき》を連ねていて、「地元の人の生活のための市場」といった感じです。そしてここには、私の大好きなチーズのお店もいっぱい！

店頭にはものすごい種類のトルコチーズが豊富に並んでいて、どれも今まで見たこともないものばかり。高く積み上げられたチーズの山を前に、私のテンションは上がりっぱなしです。中でも驚いたのが、中尾《なかお》彬《あきら》さんが巻いている「ねじねじ」の形をしたチーズ。このチーズ、ほどいてみると、日本の「さけるチーズ」のようにピローンとさくことができるのですが、味のほうも本当に「さけるチーズ」そっくり！　淡白で食べやすく、日本のものよりはちょっと塩気が強めです。もしかしたら、トルコでこのチーズを食べた人が、日本に帰ってあの有名な「さけるチーズ」を開発したのかも！

さらにディープだったのが、エジプシャンバザールの裏通り。道の両側にある古い建物には、アクセサリー屋さんや洋服屋さん、ベリーダンスの衣装を売るお店が軒を連ねていて、行き交う地元の人々の活気にあふれています。ここでは観光客の姿を見ることはほとんどなく、そのせいなのか、ナンパはまったくナシ!!　今までめちゃくちゃ気を張っていただけに、なんだか逆に拍子抜けです（笑）。

しかし、また歴史地区に戻れば何があるかわかりません。私は裏通りにあった安そうなアクセサリー屋さんに入り、１００円くらいのシンプルな金メッキの指輪を購入。それを左手薬指につけて、今度ナンパされたときのための防御アイテムにすることにしました。この結婚指輪作戦、実際にやってみて実感したのですが、思った以上に効果的！　誘われたときにキッパリ断わっても「Why not?」としつこくしてくる男性が多い中、左手薬指を見せて「Married! Married!」（結婚してます）と言い続ければ諦めてくれることが多いので、とっても楽なんです。これ以降、海外に行くときには身の安全のため必ず薬指に指輪をしていくようになりました。**悲しい嘘……ってやつですかね**（笑）。

海辺で食べるB級グルメ「サバサンド」！

エジプシャンバザール周辺には、もうひとつ絶対にハズせない観光スポットがありました。それは、地元の人に混ざって新鮮なシーフードを堪能できる「カラキョイ魚市場」！海岸沿いにはたくさんの魚屋さんが並んでいて、併設されたオープンレストランでは観光客がシーフード料理を楽しんでいます。そしてその周りには、イスタンブール名物「サバサンド」の屋台がいっぱい！　海に船を浮かべて、その上で営業しているお店の姿もあります。

私が今回の旅で最も楽しみにしていたのが、このサバサンド！　あたり一帯にはサバを焼く香ばしい匂いがただよっていて、もうたまりません。私は、見た感じ一番サバが美味しく焼けていそうな屋台を選び、さっそくトルコのB級グルメを味わってみることに。

サバサンドとは名前そのまま、塩で味付けした焼サバと新鮮な生野菜を、同じ鉄板でカリカリに焼いたパンにはさんだもの。たっぷり脂ののった肉厚のサバと、シャキシャキの野菜が絶妙で、シンプルな塩味と搾《しぼ》ったレモンの酸味がパンにもよく合います！

これでお値段は5TL（約250円）。近くにあったジュースの屋台で1TL（約50円）の生搾りオレンジジュースを買い、海を見ながらのランチタイムです！

海とモスクを中心としたブルーグレーの風景を眺めつつ、ひとり港のはしっこに腰掛けてサバサンドをほおばります。すると、何だか急に自分が異国人だという実感がわいてきて、心細いような切ないような、何とも言えない不思議な気持ちに……。今まで一度も味わったことのない、自分だけがこの世界から取り残されてしまったかのような、孤独な感覚。こういった違和感に突然襲われたりするのも、ひとり旅の大きな魅力です。

iPhoneをガイド代わりに宮殿観光

ドルマバフチェ宮殿は、イスタンブールのもうひとつの名所。ガイドブックにも大きく載っている、歴史ある観光スポットです。

トラムで「カバタシュ駅」を降りると、そこからの海沿いの道は散歩にぴったり。チューリップが咲く可愛い道を通り抜けると、ヨーロッパ風の美しい宮殿が姿を現わします。白い壁面には、遠目からでも見て取れるほどの、豪華な装飾。

20TL（約1000円）を支払って中へ入ると、20人ほどのグループに分けられ、1グループにつきひとりのガイドがついて、中を案内してくれます。どうやら、自由に見学はできないシステムのよう。

解説はすべて英語なので、ガイドのおばちゃんの「これは○○年前にうんたらかんたら～」という難しい説明は、ほとんど理解できず。頑張ってヒアリングするのを諦め、代わりにiPhoneを使って「ドルマバフチェ宮殿」を検索し、出てきたサイトやブログを見ながら見学をすることにしました。

ヨーロッパのバロック様式と伝統のオスマン様式を折衷《せっちゅう》して作ったというこの宮殿は、どこをとっても豪華絢爛。中でも一番の目玉は、見学の最後に訪れる「儀式の間」。イギリスから購入したというバカラ製の巨大シャンデリアは、まさに圧巻です。壁や天井に施された装飾もきらびやかで、他の部屋とは一線を画す豪華さに、思わずため息。

こんなふうに、旅をするときには、見どころや解説などが写真付きで紹介されているホームページを参考にすると本当に便利！　知らずに見ても感動はできるけど、歴史やうんちくを知ってから見たほうが、ひときわ味わい深いもの。観光スポット以外にも、その土地の事情や食文化など、気になったことは何でも調べながら旅をします。そのたびにいろんな発見があって、まるで冒険をしているような気持ちになりますよ！

おじさんと裸の付き合い⁉

トルコに来たら絶対に挑戦してみたかったのが、トルコ式のスパ「ハマム」。

昔、日本ではソープランドのことを「トルコ風呂」と呼んでいた時代があり、トルコからの抗議によって名称を変えたという話もありますが、本場のハマムはいやらしいことは一切なく、日本の銭湯のように今も庶民の文化として根付いているそうです。

本場のハマムがどんなものなのかはあまり知られていませんが、湯船に浸かるのではなく温かい台の上に寝転がり、「ケセジ」と呼ばれる洗い屋さんに泡で全身を洗ってもらうのだとか。

ガイドブックを見てみると、イスタンブール市内には、旅行者向けのハマムがたくさん。

予約して行こうかとも思ったのですが、観光客相手というだけあって、料金はかなり高め。高級エステに1回行けちゃうくらいのお値段です。

しかし、歴史地区にはそういった高級ハマムとはまた違った庶民的なハマムがそこかしこに点在しています。その中から「Turkish Bath」という看板を一番目立つ位置に出している店を選んで、思い切って飛び込みで行ってみることに！

古ぼけた建物へ入っていくと、中は昔ながらの銭湯のような雰囲気。カウンターには太ったひげのおじさんがひとり店番をしていて、他にお客さんがいる様子はありません。先に料金40ＴＬ（約２０００円）を支払って、脱衣所の鍵やバスタオルをおじさんから受け取ります。

着ていた服を脱ぎ、おじさんに言われたとおり、服を脱いでバスタオル1枚の状態になった私。入浴する準備を整えて、いよいよ初めてのハマム体験です！

さっそく浴場へ向かおうと、ドキドキしながら脱衣所の外へ。するとそこには……。

なんと、上半身裸でバスタオル1丁になった、さっきのおじさんの姿が!!

「え……はだか……!?」

一瞬、わけがわからず頭の中が真っ白になってしまった私。店内に他の人がいないこの状況で、毛むくじゃらでだらしのない体をさらした中年のおじさんと、バスタオル1枚でマンツーマン！

何!? もしかしてこのおじさんが私を洗おうとしてるの!?

驚いている私をよそに、「さ、こっちへどうぞ」と浴場へと促すおじさん。

いや、どうぞじゃないから！ どう考えてもおかしいから！

それだけは絶対に嫌だと思い、はっきりとした口調で「あなたが私を洗うの!? これは普通なんですか？」と聞いてみると、「もちろん。なにも恥ずかしがることはないさ」とさも当然のように答えるおじさん。いやいや、「もちろん」って……。

しかし、そこで思い出したのがガイドブックに書かれていた注意書き。渡航前に「男性のケセジが嘘をついて女性観光客にさわるという悪質なハマムがあります」という情報を読み、「ほんとにそんなことあるの～？ 最低～」と思っていたのですが、コレお前のことか!!

でも確かに、知らなければ「そんなもんかな?」と思って騙されてしまったかもしれません。注意書きを事前に目にしていて、本当に良かった！

ことを荒立てないように「Sorry, I can't!」(ごめんなさい、無理です!)とおじさんに伝え、そそくさと脱衣所に戻り、鍵を閉めて超スピードで早着替え。バスタオル姿のおじさんから逃げるように、出口へと急ぎます。料金は先払いで払ってしまっていましたが、そんなのこの際仕方がない！　相手を刺激しないよう「Thank you, ByeBye.」と繰り返しながら慌てて店を飛び出しました。

トルコの銭湯「ハマム」の入口。お風呂とマッサージで40TL(トルコリラ≒2000円)につられて入ったものの、まさかおじさんが登場するとは……

旅にトラウマは残さない

あまりにも衝撃的な体験となった初ハマム。せっかくトルコでハマムに行くのを楽しみにしていたのに、裸のおっさんのせいで、もう心は折れる寸前。これ以上怖い目に遭いたくないし、もう諦めてしまおうか……一瞬、弱気の虫が顔を覗かせます。

でもやっぱり、ここまで来て諦めたくない！　最初はたまたま運が悪かっただけ。次こそは絶対に正解を選んでみせる！

そう気持ちを切り替えて、このまま別のハマムに挑戦することに決めました。

何をするにも「トラウマを残さない」というのが私のポリシー。嫌な経験をしたからといって臆病になってしまっては、この先チャンスがあっても逃してしまうことになりかねません。仕事だって初めてのことは失敗して当たり前だし、そこで心が折れてちゃ先へ進めない。失恋して傷ついても、もうあんな思いしたくないからと言って次の恋のチャンスをスルーしてしまったら、残念すぎる……！　取り返しがつかないほどのことではない限り、失敗のトラウマをそのままにしておくのは、すごくもったいないなあ、と私は思うのです。さっき失敗したハマムだって、ちゃんとしたところで受ければ、めちゃくちゃいいものかもしれないし!!

とはいえ、さっきの経験から何かを学ばなくては、また同じ失敗を繰り返すことになってしまいます。今度は用心深く、女ひとりでも安全そうなハマムを探し歩きました。すると……こぎれいなビジネスホテルの中に併設された、宿泊客狙いのハマムを発見！　受付もホテルのレセプションで行なうので、中に入ってみてビックリということはなさそうです。よし、気を取り直して、もういちど念願のハマムに挑戦！

料金を支払って受付を済ませると、まず奥の脱衣所へと案内されました。そこから、再び服を脱いでバスタオル1枚になる私。お願いだから、もう太ったおじさんはいませんように……！

浴室へ入っていくと、中央には円形の台が置かれていて、壁にはいくつかの蛇口が等間隔で設置されています。譬《たと》えるなら「浴槽のない銭湯」といった感じ。端っこに立ってドキドキしながら待っていると、浴室のドアがスッと開き、太った裸のおじさん……ではなく、今度は水着姿の太ったおばちゃんが入ってきました。

おばちゃんはショッキングピンクの派手なビキニを着ていて、ものすごく肉感的なボディ。フレンドリーな様子で話しかけてくるのですが、トルコ語なので、何を言っているのかはさっぱりわかりません。試しにこちらから英語で話しかけてみてもまったく通じず……。どうやら私たちの間に、共通の言語はないもよう。

しかし、まだ手は残されています。世界共通にして最強の言語「ボディランゲージ」！

まずは、おばちゃんの肉厚ボディから繰り出される「椅子に座れ」というジェスチャーに従い、浴室の小さな椅子に座りました。すると……。

バッシャー!!

いきなり、私の頭上にぶちまけられた大量のお湯。突然のことに、思わず「うそっ」と声が漏《も》れます。なんと椅子に座るなり、おばちゃんがお湯を滝のように頭からぶっかけたのです！　心の準備をしていなかったので、驚いた私はしばし放心状態。

続いては、おばちゃんによる激しいシャンプータイム。力強く豪快に、ガシガシと私の頭を洗います。洗い終わると、また勢いよくお湯をバッシャー!!　シャンプーを洗い流し、これで洗髪は完了。

次に、台の上にタオルを敷いて「ここに寝ろ」というジェスチャーをするおばちゃん。いよいよ、身体を洗う工程のようです。言われたとおり台の上に寝転がってみると……。

「熱《あ》つっ!!!」

予想外の熱さに、のけぞる私。温められた台の上は、軽くレンジでチンしたお皿のような熱さ！

「あちっ……！　あちち……！」と、もだえながら身体を台の温度に慣らしていくも、おばちゃんはその間まったく動じず、むしろ笑っています。

私が完全に横になると、続いておばちゃんは麻の袋のようなものを使い、石鹸を泡立てはじめました。あっという間にふくらんだ大量の泡。まるで魔法使いみたい！　そしておばちゃんは作った泡をゆっくりと私の身体の上に乗せ、バスタオルをはがして、全身くまなくマッサージ。撫《な》でるように、丁寧《ていねい》に身体の表裏、足の先から付け根まで、優しく洗い上げていきます。

……なにコレ！　めっちゃ恥ずかしいんですけど!!!!

マッサージというよりも、泡で身体の表面を洗ってもらっている感じで、今まで味わったことのない、超ソフトな感触（泣）。くすぐったいようなゾワゾワするような独特のタッチは、ちょっと鳥肌もの。

初めてこんなふうに人に身体を洗われて、恥ずかしさと緊張で身体はもうガチガチ。それがおばちゃんに伝わったのか、彼女が私の身体をひっくりかえしながら、突然「ジャポ〜

ン？」と質問をしてきました。

「日本人？」という意味だろうなと思い、大きくうなずきながら「イエス、イエス！」と答える私。するとおばちゃんは親指を立てて自分を指差し、満面の笑みで「ウズベッキスタァ〜ン!!」と、自分の国籍を教えてくれたのです（笑）。

「へ〜！　ウズベキスタン！」とオーバー気味にリアクションすると、おばちゃんは嬉しそうに話を続けます。どうやら、自分の国のことについていろいろと語ってくれている様子。意味はひとつもわからなかったけど、おばちゃんの心遣いで一気に緊張の糸がほぐれ、リラックスすることができました。

それにしても、ピンクのビキニを着たウズベキスタン人のおばちゃんと全裸の私が、浴室でふたりきり、言葉も通じないのにこうして身体を洗われていると思うと、その異様なシチュエーションに、なんだか笑えてきてしまいます（笑）。果たしてこれが正しいハマムなのかどうかはわからないけど、一応「トルコでハマムを体験する」という目的は果たすことができました。ありがとう、ウズベキスタン人のおばちゃん！

新市街は、街歩きにぴったり

ドタバタだったイスタンブールの旅も、いよいよ最終日。帰国便に乗る夕方まで、街へ出て最後のお散歩を楽しむことにしました。

チェックアウトを済ませると、トラムに乗って新市街のイスティクラール通りへ。旧市街とはうって変わってヨーロッパ風の近代的な建物が立ち並び、お店やカフェは若者たちの姿で賑《にぎ》わっています。デパートやファストファッションのお店も多く、そこかしこに可愛いお菓子屋さんや雑貨屋さんも。歩行者天国となっている道路の中心にはトラムの線路が走っていて、新市街を頻繁に行き来していました。ここはもしかして、東京でいう渋谷・原宿のようなところなのかも。

イスタンブールの若者に混ざって、ぶらぶらと新市街を街歩き。すると突然、近くにいた人が私の後方を指さし、大きな声で何かを叫びはじめました。何事かと思って振り返ると、なんと走ってきたトラムが私のすぐ後ろまで接近！

危ない！

いそいで道の端っこに避難して難を逃れましたが、地元の人たちは慌てることなく、みんな上手にトラムをかわしながら歩いています。さすが、イスタンブールっ子!!

ここでは歴史地区のようにひっきりなしに声をかけられることもなく、最後の街歩きをゆっくりと楽しむことができました。こんなにいい場所なら、歴史地区は観光だけにして、新市街にホテルを取ってもよかったなぁ……。

イスタンブールで過ごした怒濤《どとう》の2日半。女ひとり旅にはかなりハードルの高い街だったけど、同時に「旅の基本」というものを私に思い出させてくれました。やはり「安全」と「冒険心」のバランスをとりながら旅をするのが、最も大切なこと。冒険ばかりでは取り返しのつかないことになりかねないし、安全ばかり気にしていては面白い旅にはなりません。

さらに今回、心から痛感したのが「思い込みの怖さ」！　テレビで見た「トルコ人は親日家」だという情報を信じ込みすぎて、いつもよりも警戒心を緩めてしまったことで、数々の危険を呼び寄せてしまいました。もちろん、トルコには本当に親日な方もたくさんいます。

以前、私がドイツの空港の手荷物検査でノートパソコンを置き忘れてきてしまったとき、後ろに並んでいたトルコ人の男性がそれを預かって私のことを探しまわり、なんとか搭乗寸前に、息を切らしながら渡してくれたということがありました。彼のような親切なトルコ人のためにも、あまりイスタンブールのことを悪く言いたくはありません。でもやはり「親日

イスタンブールのグランドバザールは可愛い雑貨店も多く、
歩いているだけでも楽しい

家の親切なトルコ人と心のふれあいができるかも♪」なんて思っていると、間違いなく痛い目に遭ってしまいます。

女のひとり旅はサバンナに放り出された仔鹿と同じ！ それくらいの気持ちで、徹底して自分の身を守らなくては。

今回の旅は、もう一度気を引き締めるいいきっかけになったと思います。とにかく、無事に帰って来られてよかった！ 本当に私は、運がよかったなあ……。

他にも、カッパドキアなど、トルコはまだまだ見てみたいところがいっぱい。またいつか、老後にでも行けたらいいなあと思っています。まあ、そのときはもうナンパはされないだろうね（笑）。

第五章

フォロワーが救ってくれた窮地

ホテルも決めずに、思い立ったら即出発！

ある日の夕方、マネージャーさんに突然告げられたひとことから今回の旅は始まりました。

「ロケが飛んだので、明日から4日間オフです！」

スケジュールが急遽《きゅうきょ》変更になるのはよくあることですが、突然4日間ものお休みとは！　さて、どうやって過ごそうか？　ジムやマッサージに行ったり、映画を観にいこうかとも考えてみましたが……せっかくの4連休、できれば遠くへ旅したい！

さっそくPCを開き、国際線航空券を検索してみることにした私。この時点で、行先はまだまったくの未定（笑）。検索の最優先条件は「今日中に出発できる便！」。これにあてはまるちょうどいい飛行機があれば、行く場所はどこでもいいと思っていました。

ヨーロッパは4日間ではちょっと厳しいので、アジアとアメリカを中心に検索をかけます。が、しかし、その日の出発便がいくつかヒットしたものの、割引ナシのチケットばかりでどれも運賃がめちゃくちゃ高い！　やはり当日予約のチケットというのは高くつくものなのか……？

「そんな料金じゃあ乗らないぜ」と、連休の遠出を諦めかけたそのとき。私の目にとまったのは「ANA羽田発ロサンゼルス行き」の割引航空券！　当日予約なのにかなり割引率が良く、これなら納得の金額です。

よし、行っちゃおう！　ロサンゼルス！

そう決めた私はそのまま勢いで航空券を予約し、スーツケースに日数分の着替えを詰め込みました。このときの私のスーツケースは、旅に必要なものは洋服以外すべて入っている状態。行きたいときにいつでも旅に出られるよう、日ごろから準備していたのです。

チャンスはいつ巡ってくるかわからない、だからすぐに動けるように態勢を作っておく。

旅に限らず、仕事も、恋も、チャンスをものにするためにはフットワークのよさがモノを言ったりしますよね。突然のチャンスを逃さないよう、ちゃんと準備しておくことはとても大切。

私自身、20代の頃は今よりもずっと行き当たりばったりで生きていて、いざというときに「あ〜あ、もうちょっとちゃんと準備しておけばよかったな」ということ、すごく多かったんです。仕事でもそう。以前から「著名人にインタビューする仕事をしてみたいな〜」と思っていたのに、ただ漠然とイメージしていただけで何も勉強をしておらず、運よくチャンスをもらったときには力不足でオロオロしてしまったり。

恋愛にしても、「素敵な人に出会いたい」と思いつつ、面倒だからと手抜き服と手抜きメイクで飲み会に行ってしまい、そんなときに限ってかっこいい人がいたりとか……。「望むなら手に入れるための準備をするべし！」。そんな教訓が身に染みた瞬間、何度もありました（笑）。

30代になってからは、そんな自分を律するため、スマホのメモの中に「やりたいことリスト」というのを書くことにしています。ちょっとでもやってみたいことができたり、行ってみたいところが見つかったら、すぐにメモに書いて残しておく。そうすると、あとで読み返したときに自分がやるべきことを再確認することができ、ゆるんだ気を引き締められる気がするんです。まあ、再確認するだけで結局何もやってない……ってことも、正直多いですけどね（笑）。

さて、飛行機がとれたら次はホテル。今回もいつものようにネットで予約を、と思ったのですが、じっくりホテルを吟味している時間なんてありません。幸い空室のあるホテルはたくさんヒットしていたので「これだけ候補があれば着いてから決めても大丈夫だよね！」

と、私は宿も決めないまま、羽田行きのモノレールに飛び乗ったものでした。

空港に着くと、まずはチェックインカウンターで搭乗手続き。すると、アメリカ人らしき、日本語ペラペラのカーネル・サンダース似のスタッフに、現地での滞在先を尋ねられました。どうやらアメリカに渡航する際には、事前に滞在先を申告することになっているみたい。しかし、何しろホテルをまだ決めていないので、申告することができません。

「あの……泊まるところまだ決めてないんですけど……」

そう告白すると、

「え⁉　ホテルとってないんですか⁉」と、大げさに驚くカーネル。

「じゃあ、泊まりそうなホテルでもいいので、書いてください」と言われ、適当に記入しようとしたものの、なんにも下調べをしていない私は、ホテルの名前がひとつも思い浮かびません。

「ロサンゼルスにどんなホテルがあるのかわかんないです……」

正直にそう言うと、カーネルは再び「ええっ⁉」と驚き、呆れた様子で言いました。

「あの……もうちょっと計画的に行動したほうが……」

航空会社のスタッフさんにまで、旅の計画のずさんさを指摘されてしまった私。結局、ロサンゼルスではメジャーだという理由でヒルトンホテルを勧められ、書類には「HILTON」と記入しました。「ちゃんとヒルトンに泊まってくださいね」と念を押されたけど、本当に泊まるかどうかはまだわかりません。ごめんよ、カーネル。

続いて確認されたのが、渡航認証ESTA（エスタ）。オーストラリアを旅したとき、事前の入国申請が必要だった記憶はありますが、まさかアメリカもそうだったとは……！「もしかして、申請してないから今回は行けないの!?」。一瞬不安になったものの、カウンターの近くに設置されているパソコンですぐに申請できると聞き、ひと安心。あ〜、焦った〜！

そんなこんなで、なんとかチェックインは無事完了。ついさっき決めたロサンゼルス行きが、本当に実現してしまうことに、自分でもビックリです！

とはいえ、何も知らない場所にこれからたったひとりで向かうことを考えると、ボーッとしてはいられません。空港の本屋さんでガイドブックを1冊買い、飛行機の中で一夜漬けの旅の予習をしながら、ロサンゼルスへと飛び立ちました。

「ツイ旅」の始まり!!

羽田空港を飛び立ってから約9時間。ロサンゼルス空港に到着したのは現地時間の夕方5時。つい1日前までは海外に行くなんて思っていなかったのに、いまこうしてロサンゼルスにいると思うと、面白くてニヤニヤしてしまいます。

そして私には、ロサンゼルスに着いたらまずやろうと思っていたことが。それは、ツイッターのフォロワーさんへの状況報告。出発前にひとこと、

眞鍋かをり@KaworiM0531

「今週末暇やな……どっか遊びに行きたいなあ……行ってきま!」

とだけつぶやいて出発したので、ここでようやくフォロワーの皆さんにネタばらしです。

スーツケースと空港の到着ロビーが写った写真とともに、

眞鍋かをり@KaworiM0531
「ロサンゼルス国際空港到着！　当日空席あったから来てみた」

そうツイートすると、当時25万人いたフォロワーさんたちは皆ビックリ。「眞鍋、勢いでロスに行きやがった！」「嘘かと思って写真見たら本当だった！」など、ものすごい勢いで返信が（笑）。

これにすっかり嬉しくなってしまった私は、今回、ツイッターで経過を報告しながら旅を楽しむ「ツイ旅」をしてみることに決めたのでした。というわけで、まずは空港の両替所で2万円をドルに替え、いざロサンゼルスの街に出発です!!

とはいえ、今日の宿すらまだ決まっていないという、この状況。この先の予定もまったくの白紙。どこにどうやって行こうかと迷いつつ、日が暮れる前にとりあえずタクシーに乗り、ガイドブックに載っていた「サンタモニカ」へと向かってみることにしました。

タクシーの窓から外を見ていると、目に入ってきたのはピカピカと光るモーテルのネオン。看板の表示を見てみると、「available」という「空室あり」を表す文字が。

「ホテルがとれなかったら、最悪モーテルに泊まるか……」。そんな考えが一瞬頭をよぎったものの、私の中のモーテルのイメージはというと「ハリウッド映画の中で、変な薬をやったりモメて殺されたりする現場」という、恐ろしいもの（笑）。劇中で追われている人がとりあえず駆け込むのも、たいていモーテルですよね？　偏見なのかもしれないけど、やっぱりなんだか怖かったので、モーテル案はナシ！

タクシーがサンタモニカの中心部に入った頃、遠くのほうに、街の中でもひときわ明るいネオンが光る、大きなビルが見えてきました。よく見ると、見覚えのあるロゴに馴染《なじ》みのある字体で「Holiday Inn」と書かれています。世界に展開しているこの有名ホテルチェーンなら、きっと間違いはないはず！　さっそく運転手さんに「ホリデイ・インで降ろしてください」とお願いし、タクシーを降りました。

エントランスにいたポーターさんにスーツケースをお願いし、まずはフロントへ。少々不安に思いつつ、「予約してないんですけど、空室ありますか？」と聞いてみたところ、「ありますよ。何泊ですか？」と、すぐに色よいお返事が。素泊まりで1泊だけお願いすると、思っていたよりもずっと簡単に、トントン拍子で話が進み、チェックインは難なく完了。

こうして、なんとか初日の宿は確保することができました。が、日本では「お手頃ビジネスホテル」なイメージがあるホリデイ・インも、さすがサンタモニカとなるとリゾート仕様。宿泊料金も1泊2万5000円ほどと、けっこうなお値段です。

「貧乏旅行はしないけど贅沢旅行もしない」というルールを決めていた私にとって、これはちょっと予算オーバー。明日以降、もっと安いホテルを探す必要がありそうです。

部屋に荷物を置いて一息ついた頃には、外はもうすっかり夜のムード。その日は近くのエスニックレストランで夕飯を食べ、ホテルに戻って明日からの旅の計画を練る「ひとり作戦会議」に明け暮れたのでした。

朝のサンタモニカで人助け

翌朝、ホテルのベッドで目を覚まして、まずビックリ。

「あれ？　なぜ私はこんなところに!?　ああ、そっか。昨日思いつきでロサンゼルスに来たんだっけ……！」

あまりに急な旅だったため、状況を飲み込むまで一瞬、混乱状態に（笑）。しかし、窓の外を見ると目の前には青い海と南国の木々。ここはまぎれもなく、ロサンゼルス！

よし、せっかく来たんだからめいっぱい満喫してやろう！

そう思い、まずは朝の街歩きを兼ねて、朝食をとりに出ることに。ガイドブックで見つけたサンタモニカの有名なオムレツ屋さんで、チーズオムレツを食べる計画です。やはりホテルの朝食はつけなくて正解！

てくてくとお目当てのレストランに向かって歩いていると、道中で突然、白髪のきれいなセレブ風のおばあさんが、困った様子で私に話しかけてきました。話を聞いてみると、急に車が壊れてしまい、修理を呼びたいので携帯電話を貸してくれないかとのこと。そのおばあさんの視線は、私が手に持っているiPhoneにロックオン。

（えっ……でもこれ、日本の携帯だから国際通話の料金になっちゃうんですけど……）

一瞬躊躇《ちゅうちょ》したものの、こんなふうに助けを求められてしまっては断わるわけにはいきません。「Sure.（わかりました）」と言ってiPhoneを手渡すと、おばあさんはどこかへ電話をかけ、状況を説明し始めました。

しかし……通話を始めてから10分以上が経過しても、おばあさんが電話を切る様子はありません。

「あぁ……アメリカって1分いくらかかるんだっけ……どうしよう、あとで高額な請求が来たら……早く……早く終わってくれ……！」

神に祈る気持ちで、国際電話の恐怖と戦います。

結局、15分ほどで電話は終わり、「ありがとう。助かったわ」と言ってiPhoneを返してくれたおばあさん。小心者で貧乏性の私は本気で焦ったけど、海を越えて小さな人助けができて、本当に良かった！

ちなみに、後日調べてみたところ、このときかかった国際電話の料金はたったの600円（笑）。心配しすぎて損した（笑）。

景観のいい住宅街を抜け、たどり着いたのはオムレツが美味しいことで有名なオムレツパーラー！　いかにもアメリカンな雰囲気のお店で、地元っ子の朝の憩いの場といった感じです。

たくさんある朝食メニューの中から、私が選んだのはチーズオムレツのプレートとオレンジジュース。しかし、10分ほどして出てきたオムレツを見てビックリ！

さすがはアメリカ、その大きさがケタはずれ!!

卵をいったい何個使ったのかという大きなそのオムレツは、私の握りこぶし3つぶん以上はありそうなほどの超ビッグサイズ。オレンジジュースも、花瓶のようなグラスに、なみなみと注がれています。当然全部は食べきれず、半分ほど残してしまいましたが、フワフワで濃厚なオムレツはまさに絶品！　LAセレブ気取りで、優雅な朝の時間を過ごしたのでした。

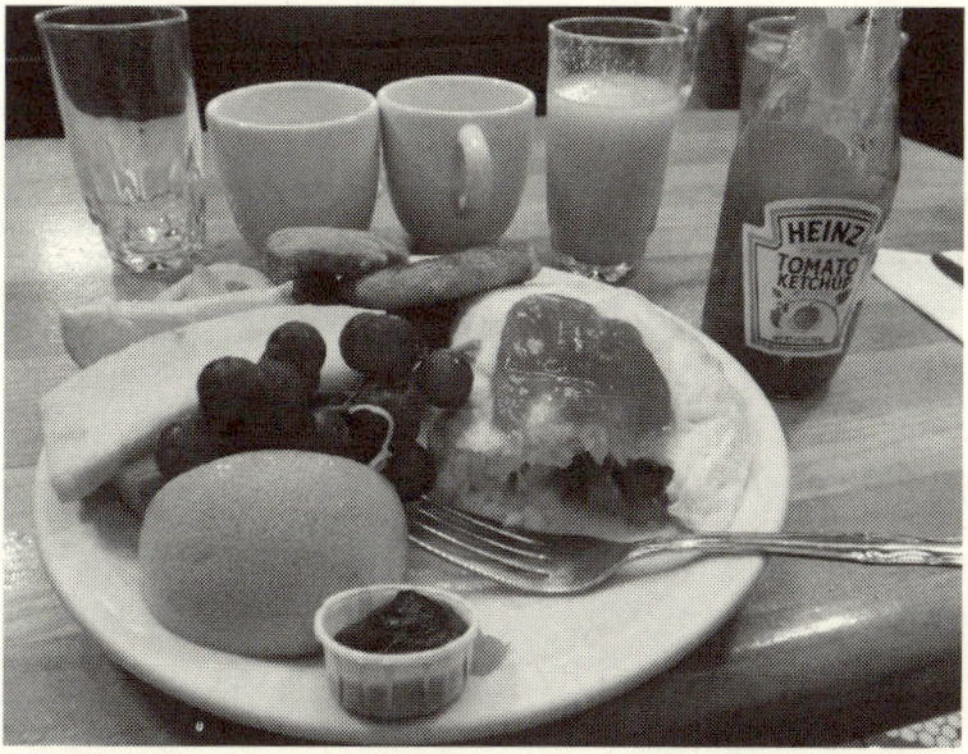

アメリカンサイズのオムレツ。半分でもうお腹いっぱい！

海には癒し効果があるみたい

お腹も満たされ、ゆっくりと海沿いの道を歩きながらホテルに戻っていくと、見えてきたのはビーチに作られた遊園地「サンタモニカ・ピア」。このあたりではたくさんの人がジョギングをしたり、自転車やインラインスケートで朝の空気を楽しんでいます。ひとりでぶらぶら歩いていると、なんだかここだけ時の流れが遅くなったよう。

iPhoneでBruno Marsの「The Lazy Song」を聴きながら、ゆる〜い時間を過ごします。途中、ビーチにいたふたり組のおじさんに「I♡LA」と書かれたステッカーをもらったり、地元の子どもとブランコで遊んだりして、サンタモニカの朝を存分に楽しんだ私。

空と海の爽やかなブルーのグラデーションに包まれながら、何も考えずにひたすら心地よい気持ちに身を任せていると、それまで心の中にたまっていた日々のストレスが、しだいに晴れていくような気がしました。

やっぱり、海にはかなりの癒し効果があるみたい。ストレスや悩みをたくさん抱えていると外に出るのも面倒になってしまいがちだけど、そういうときこそ、心地いい場所や自然の中に身を置いて、自分をリフレッシュさせないとね。

ちなみに、私がよく行くお気に入りのスポットは、湘南にある七里《しちり》ケ浜《がはま》と森戸《もりと》海岸《かいがん》。パリ編で登場した「姉さん」と私、どちらかのストレスがフルになると、メールで「海〜〜〜！」という合図を送り合い（笑）、ふたりで湘南の海に行くことにしています。どんなに落ち込んでいても、帰る頃にはちゃんと心の電池が充電されているから不思議。また次の日からはちゃんと頑張れそうな気がするんです。自分コントロール、大事ですね。

衝撃!!　リトル・トーキョーなのにすごいアウェー感

ホテルに戻り、荷物をまとめてチェックアウトすると、2泊目のホテルがあるリトル・トーキョーというエリアへ。

ホテル代を抑えるため、1泊1万円ほどで泊まれる宿を検索したところ、見つけたのがダウンタウンにある「ミヤコホテル」。ガイドブックで行き方を調べてみると、まずバスで「ユニオン駅」というところまで行き、そこから10分ほど歩いた所にあるもよう。大きなスーツケースを引いて、ロサンゼルスで初めてのバス体験です！

ユニオン駅までは30〜40分。途中あまりに不安だったので、何度も運転手さんに「How

many bus stops to Little Tokyo?」（リトル・トーキョーまでバス停いくつですか？）とこまめに確認し、ちゃんとユニオン駅に到着することができました。

ユニオン駅からはGoogleマップを頼りに歩きます。雲ひとつない青空の下、初めてのリトル・トーキョーに足を踏み入れてまず思ったこと、それは……。

「全然東京じゃないじゃん‼」

リトル・トーキョーという名前からして、私は日本における「中華街」のように、日本の人たちが集まって、お店を開いて、東京のような街を築いているのかな？　と想像していたのですが……。

むしろね、日本人いない。

確かにアジアの人は多いものの、中国系や韓国系、東南アジア系などどう見ても日本人ではない人ばかりで、なんだかものすごいアウェー感！　メインの広場には日本風の建物や「やぐら」のようなものが建っているものの、それも何というか「海外の人がイメージする日本」といった感じで、全然落ち着きません。

周辺にある日本食レストランも、果たして本物の和食が食べられるのかどうか……。東京在住なのに「トーキョー」と言われる場所で不安を感じているということが、さらに疎外感を増幅させます。

そんな予想外の事態に混乱しながらもとりあえずホテルでチェックインを済ませ、まずは明日からの計画のため、私はツアーの予約などの事務作業にとりかかることにしました。

バスや地下鉄の路線図を見てみると、ロサンゼルスはやはり車社会、今まで行ったヨーロッパの街と違って、効率よくコンパクトにまわれる場所ではなさそう。ならば「困ったときの現地ツアー！」ということで、ロサンゼルス発着の現地ツアーをネットで調べ、気に入ったツアーに予約を入れることに。自分のやりたいことを、誰にも気兼ねなくすぐに実行できる。こういう気楽さがひとり旅のいいところです。

暗くなる前に夕食をとろうとふたたび外へ出てみると、あたりはなにやらお祭りムード。メインの広場にはちょうちんの明かりが灯り、たくさんの人々が行き交っています（でも日本人はほぼいない）。

広場の奥には簡単なステージが組まれていて、そこでは街の人たちを集めた小さなコンサートが始まっていました。近づいていくと、東南アジア系？　と思われるおばさんがギターの伴奏に合わせて、歌と踊りを披露《ひろう》しています。しかし……。

これが完全にコントとしか思えない仕上がり！（笑）お世辞にも上手いとは言えないバラードを歌いながら、クネクネと海中のワカメのように体を揺らすおばさん。私はツボにはまってしまい、笑いを堪えるのに必死でしたが、なぜ周りの人はこれを見て笑わずにいられるのか……。

リトル・トーキョー、思った以上にすごいところです。

1枚しかないクレジットカードが使えない⁉

夜ごはんのお店を物色していると、やたらと目に入ってくるのが日本食のレストラン。リトル・トーキョーというからには、ちゃんとした和食を出しているのか、日本人の舌で確認してやろうじゃないか！　ということで、この日の夕食は日本食に決定。「TERIYAKI」や「JAPANESE　SUSHI」などと書かれたお店の中から、本物に近い日本食を出しそうなお店を探します。看板の字体がおかしいものや、「相撲」などあからさまに名前がつけられた店はパス。日本人から見てもそう違和感のない、1軒の居酒屋風のお店に目をつけ、のれんをくぐって店の中へと入りました。

店内は思いのほか、ちゃんと日本のインテリアになっていて、カウンターの中には日本人？　と思《おぼ》しき大将と、東南アジア系の店員が数名。私はカウンターのいちばん端っこに座り、メニューに載っていた居酒屋系一品料理の中から、カリフォルニアロール、豆腐サラダ、日本酒を注文しました。

お通しの冷奴をつまみつつ、日本酒をチビチビ。ロサンゼルスでひとり飲む日本酒というのも、なかなかいいものです。そのうち注文した品が運ばれてきて、さあ食べるぞと、まず豆腐サラダに箸《はし》をつけようとして、ビックリ！

木綿豆腐がまるまる一丁、野菜の上に乗っかっている……!!

キュウリの切り方もかなり大きく、ゴロゴロとしたぶつ切りの状態。

……ワイルド！　さすがはアメリカ、日本食までLサイズ。味のほうはというと、特別どうということもなく、サラダもカリフォルニアロールも、無難に美味しかったな〜。

日本酒もすすみ、ひとりでいい気分になっていたそのとき。突然、私のiPhoneにかかってきた1本の電話。

画面を見てみると、そこには身に覚えのない電話番号が。不思議に思っておそるおそる出てみると、その電話は、いつも私が利用しているクレジットカード会社からでした。何かと思って話を聞いてみると、そのカード会社のオペレーターから、耳を疑う衝撃のひとことが！

「いま眞鍋様がご利用いただいているカードに、不正使用の形跡がありましたので、何点か確認させていただいてもよろしいでしょうか？」

なんと、私のカードが不正使用されていたというのです！

オペレーターは不正と思われるカード決済を何件か挙げ、私が利用したかどうかをひとつひとつ確認していきます。しかし、数週間前にネットで使われていたというその形跡は、聞いてみてもまったく思い当たるフシのないものばかり。どうやら、本当に不正使用されてしまったみたい……。

「不正使用された分に関しましてはこちらで補償いたしますのでご安心ください」

そう言われ、ホッと胸をなでおろしたのも束の間。次の瞬間、電話口から信じられないひとことが……！

「ではいまからお客様のカードを停止いたします」

ええっ⁉　まさかのカード停止宣告⁉

突然のことに、私の頭の中は真っ白に！　というのも、今回ロサンゼルスに持ってきたカードはそれ1枚のみ。海外で財布を盗まれたりしたら怖いと思い、他のカードは念のため日本に置いてきていたのです。まさか、その行動が裏目に出てしまうとは……。

「ちょ、ちょっと待ってください！　いま使えなくなると困るんです！　LAから帰ってからじゃダメですか!?」

必死に食い下がってみたものの、

「このお電話で停止されず、もしその後にまた不正使用があった場合は、損害額すべてお客様ご自身の負担となってしまいますが……」と冷たく宣告するオペレーター。

それは困る!!

困るけど、いまこの瞬間にも、また私のカード情報が悪用されてしまうかも……。そう思うと急に恐ろしくなり、慌てて停止をお願いして、そのまま電話を切りました。

「あれ……？　カード使えなくなっちゃったけど、ひょっとして、この先ヤバいんじゃないの……？」

唯一持ってきたクレジットカードはたったいま停止し、お財布にあるのは両替したドルの残りと、数千円ほどの日本円。ロサンゼルス滞在あと2日を残して、手元にはわずかなお金しかなくなってしまいました。

もしかして……けっこうピンチ!?

とりあえず、いま食べている日本食の代金はまず支払わなければ。急いでお会計をしてみると、支払い後の所持金はたったの85ドルに。

さて、これからどうしよう……。

心細くなった私はポケットからiPhoneを取り出し、ツイッターでフォロワーさんにこのことを報告。するとツイートしてすぐに、心配してくれたフォロワーさんから、一気に何百件ものつぶやきが返ってきました。

その一連の流れが、こちら。←

眞鍋かをり@KaworiM0531

「カード会社から電話がかかって来て、悪用された形跡があるからカードとめるという連絡。外国いるのにカード止められるってきつくねｗｗ」

フォロワー@ Follower

「最悪、マネージャーに立て替えてもらうしか……」

眞鍋かをり@ KaworiM0531

「ひとりですがｗｗｗ」「誰か迎えに来てｗｗｗもういま85ドルしか持ってないｗｗｗ」

フォロワー@ Follower

「カード悪用で何を買われたか気になりますねぇ」

眞鍋かをり@ KaworiM0531

「ゲーム買われてたんだって！　しかも1週間くらい前！　それより財布身軽にするために予備カード日本において来た」

フォロワー@ Follower

「一発逆転で全額ギャンブルというのは？」

眞鍋かをり@ KaworiM0531

「ベガスで増やしてくる！　あっ……ベガス行くおかねない」

フォロワー@ Follower

「……オワタな」

眞鍋かをり@ KaworiM0531

「どうしていいかわからずとりあえずスタバを買ったので現在手持ちが80ほどになりますた」

フォロワー@ Follower

「ひと息ついてる場合かｗｗｗ」「スタバっちゃった。残り80。ホテルはとってないのですか？　とりあえず部屋にお戻りになられては？　今、夜なのでしょ」

眞鍋かをり@KaworiM0531
「スタバよったら道がわからなくなってホテル戻れなくなりました（泣）」

フォロワー@Follower
「まずはホテルに帰って落ち着かれるのが先決」

眞鍋かをり@KaworiM0531
「運よくポリスがいたので道ききました。ホテルには戻れそう」

もう、iPhone片手にとにかくてんやわんや。この状況で、本当なら不安でどうしようもなくなっていたかもしれませんが、フォロワーさんからの励ましの言葉をいただいて、なぜだか心強い気持ちになっていました。「大使館に行ってお金を借りては？」という現実的なアドバイスもいただき、なんだか大勢で旅行しているような感覚に（笑）。
そしてここから、この話は奇跡の急展開を迎えるのです！

眞鍋かをり@ KaworiM0531
「ホテル着いて財布からすべてのカードを出して確認したら、普段使ってない銀行カードにまさかのクレジットカード会社のマークが!!!　これって使える!?　使えるのか!??」

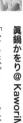

フォロワー@ Follower
「何か安価なものか、ホテルのバーかなんかできってみればよいのでは？」

眞鍋かをり@ KaworiM0531
「なるほど！　ちょっと上のバー行って酒飲んでくる!!」

フォロワー@Follower
「おおーーーーー!!　切り抜けるか!?」「行ってこい！　飲み過ぎるなよ!!」

突然さしてきた一筋の希望の光に、大勢のフォロワーさんは大盛り上がり。「よし、ここが運命の分かれ道だ！」「健闘《けんとう》を祈る！」などたくさんの激励をいただき、それを胸にいざホテルのバーへ。私ひとりの個人的なトラブルなのに、なぜかみんなの期待を背負っているような気分です（笑）。

ドキドキしながらカウンターに座り、まずは白ワインをグラスで注文。もしもこのカードが使えなければ、ワイン代はただの無駄遣いになってしまいます。祈るような気持ちでワイングラスに口をつけてみると……なんとこのワインが、予想以上に美味しい！

あっという間に、グラスはからっぽ。それを見たバーテンのお兄さんが「ロゼも美味しいですよ」とすすめてきて、たまらず誘惑に負けてもう1杯……。そして結局、白、ロゼ、赤と調子に乗って3杯も飲み干してしまった私。気づけばポワ～ンと、ほろ酔い状態に。

しかし！　一番大事なことを忘れてはいけません。肝心のクレジットカードは果たして使えるのか……運命の結果は……！

眞鍋かをり@KaworiM0531

「いーーけーーたーーー!!　やったあああああ！　みんなありがとう！　ワイン3杯飲んで無事にカードで払って来ました！」

バーでの支払いに成功し、部屋に戻ってこうつぶやいたとたん、次々とフォロワーさんたちからの祝福メッセージが！

フォロワー@Follower

「おめでとう！　そのカードで帰国までいけるな！」

フォロワー@Follower

「どうなるかと思ったけど、良かった！」

フォロワー@Follower

「カード使えるか確かめるために3杯も飲んだのかよ！」

初めはどうなることかと思いましたが、フォロワーのみなさんのおかげで、こんなに楽しくトラブルを乗り越えられるなんて。このときの一体感は、いま思い出しても興奮してしまいます（笑）。応援してくれたフォロワーさんに、心から感謝！

ほろ酔いワイナリーツアー

さて、3日目からはいよいよ申し込んだ現地ツアーに参加。ロサンゼルスといえば、ショッピング天国ビバリーヒルズや、ハリウッドが有名な観光スポットですが、私は旅先ではあまりお買い物しないし、映画もそんなに興味ナシ。ならばそれ以外の楽しみ方をしようと、私が選んだツアーは次のふたつ。

ひとつめは、ＬＡ近郊にある「テメキュラワイナリーツアー」（日本円で2万５０００円ほど）。そしてふたつめは、「飛行機で行くグランドキャニオン半日ツアー」（４万円ほど）。普段のひとり旅に比べると費用がかさむけど、お買い物で散財するのに比べたら、自分にとっては何倍も価値のある使い方です！

ワイナリーツアー出発の朝、自称トムさんという日本人ツアーガイドさんが、ホテルまで迎えにきてくれました。トムさんは真っ黒に日焼けしたハイテンションなおじ様で、まさに「ＬＡ在住の日本人」のイメージそのもの。その日の参加者は私ひとりで、今回はトムさんとマンツーマンでのワイナリー巡りとなりました。

ワイナリーのあるテメキュラまでは、車で1時間ほど。乗り心地のいいワンボックスカーで、自然に囲まれた真っ直ぐな国道を走っていきます。あの有名なルート66ではないけど、窓から眺める景色はまるで映画「イージー・ライダー」の世界！　私の乗る車の横をハーレーに乗った革ジャンのおじさんたちが豪快に走り抜けていき、それを見た私は思わず

「born to be ～ wild ～♪」とイージー・ライダーのテーマソングを熱唱（笑）。ああ、これぞアメリカ！

1軒目に訪れたのは「Callaway Vineyard & Winery」という大きなワイナリー。どこかで聞いたことがあるなと思いきや、以前同じ名前のあの有名なゴルフメーカーが、この場所を所有していたそうです。

車を降りると、目の前に広がっていたのは一面に広がるブドウ畑。照り付ける太陽と真っ青な空に、葉っぱのグリーンがキラキラ光っています。癒される～！

ワイナリーでは数十名のグループで工場内を見学し、ワインができるまでの流れを説明してもらいます。たくさんの樽《たる》を目の前に、製法や熟成などについて、簡単にお勉強。それが終わると敷地内の別の建物に移り、お待ちかねの試飲タイム！

試飲の際はまず5枚つづりのチケット（5～10ドルほど）を購入し、数十種類あるワインの中から試飲したいものを選んで、1種類につき1枚チケットを渡します。試飲なので1杯の量は少しずつですが、5種類飲むとワイン2杯ぶんほどの量になってしまい、早くもほんのりいい気分。他の種類ももっと飲んでみたくなってしまいますが、まだあと2軒まわることを考えて、ここは我慢……。

2軒目に行った「Maurice Car'rie Winery」は、小規模でアットホームなワイナリー。お店の人もとてもフレンドリーで、濃いブラウンヘアと太眉が可愛らしい若いスタッフの女の子が「これ、すごく美味しいよ」と言ってイチオシのワインを教えてくれました。ワイナリーとひとことに言っても、それぞれに違う持ち味があって、次はどんなところかな？ と、楽しみになってしまいます。

「アーモンドシャンパン」を初体験

最後に訪れたのは「Wilson Creek Winery」というワイナリーリゾート。宿泊施設も併設しているそのワイナリーは、南国風の広大なガーデンがとても素敵でこれぞまさに「リゾート」といった雰囲気！

トムさんが言うには、ここには「アーモンドシャンパン」という名物のシャンパンがあり、これまで数々の賞も取っているのだとか。……ん？ でもたしか、シャンパンというの

ワイナリー3軒連続の試飲で、すでにほろ酔いの眞鍋です（笑）

はフランスのシャンパーニュ地方で作られたもののみを指し、他のものはそうは呼ばないはず……。アメリカなのに、シャンパンとは……？

でも、まあいっか！　細かいことは気にしない！　飲んで美味しければ、それでいいよね(笑)。

さっそくチケットを購入し、看板商品のアーモンドシャンパンをまず試飲。さてお味のほうは……。

うん、イケる!!

想像していたよりもアーモンドの風味はきつくなく、ほのかに香ばしさと甘さを感じる程度。すっかりこのアーモンドシャンパンを気に入ってしまった私は、迷わずその場で2本購入！

3軒連続で飲みまくり、さすがの私も試飲のしすぎでもうフラフラ。ここに宿泊していたら、酔いつぶれるまで飲み続けられるのに……。次に来たときは、絶対に泊まって飲んでやるぞ！

旅をするうえで私が絶対はずせないのは、やはりお酒（笑）。自分の大好きなジャンルで、その土地ならではの経験ができるというのは、とても素敵なことだと思います。趣味を旅先で楽しむ、これ最強！

ハリウッドは……遠い!?

ワイナリー巡りを終えた私は、まだ完全に酔いも醒めぬまま、ロサンゼルスの流行発信地、メルローズへ行ってみることに。タクシーを降りると目の前に広がっていたのは、ハリウッドセレブがプライベートで歩いていそうな、キラキラした世界でした。

まさに「ビバリーヒルズ青春白書」！（観たことないけど）

広い通り沿いには、最先端のお洒落なお店が軒を連ねています。

歩いているだけでテンションがあがってしまいそうなその街並みは、どこを切り取ってもファッション誌のスナップのよう。しかし……ひとり旅であまり買い物をしない私にとっては、こんなに素敵な街もなんだか退屈。短い旅なのに買い物に夢中になってしまうのは時間がもったいないような気がして、落ち着きません。

そんなとき、ふと斜め上を見ると、大きな交差点に「⇒ Hollywood」と書かれた道路標識を発見。そちらの方向に歩いていけば、ハリウッドの中心地に行けるようです。どのくらいの距離かはわからないけど、幸い、歩くのは大好き！「ちょっとくらい遠くても行ってみよう！」と、タクシーを使わずに、徒歩で行ってみることにしたのです。

そして、歩き続けること約30分。


「来るんじゃなかった……!!」

完全に後悔することになった私。「少しくらい遠くても」とは思ったけど、行けども行けどもただの車道。街が見えてくる気配はまったくありません。あたりにはタクシーの姿はおろか、歩いている人もほぼ皆無。

「やっちまった……完全にアメリカ砂漠でひとりぼっち。もはや残された手段はヒッチハイクだけか……」

と、思ったその矢先。遠くのほうに見えてきたのはなんと大きな車道の脇にポツンと立っているバス停の看板！

「助かった！」

バス停に駆け寄って表示を確認すると、そこにはちゃんとハリウッド行きの表示が。やはり、方向は間違っていなかったんだ！
ただ、まさかこんなにハリウッドが遠かったとは。広大なアメリカで徒歩移動というのは、かなり無理があったようです……。

ベンチに座って待っていると、ほどなくして真っ赤なバスが到着。しかし、乗ろうとした瞬間、ふと「本当にこれでいいのか？」と一抹《いちまつ》の不安が頭をよぎります。そこで、私は念のためバス停の看板をiPhoneで撮影し、Twitterにあげてみることに。

眞鍋かをり@KaworiM0531
「このバスで超ベタなハリウッド的なとこにいけますか？」

そうつぶやくと、たくさんの返信の中に、ロサンゼルスに住んでいたことのあるフォロワーさんからのアドバイスが！

フォロワー@Follower

「それ乗ったらチャイニーズシアター、っつうかハリウッドハイランドの前まで行きますよ」

最高にありがたい回答です！

他のフォロワーさんたちも、

「すげぇ……」「Twitter の底力を見た」「眞鍋、旅行で Twitter フル活用してるな」

と、盛り上がってくれている様子（笑）。

そして、私が乗ったバスはその方のアドバイスどおり、見事チャイニーズシアターの前に到着。観光客の人ごみに流されながら、しばしハリウッドの雰囲気を堪能します。青い空に映えるカラフルな街並みは「ザ・ハリウッド」！

しかし、ワイナリーでの酔いがまだ残っていたのか、歩いているうち、なんだか急に激しい眠気が……。私はせっかくのハリウッド見物を早々に切り上げ、地下鉄に乗ってリトル・トーキョーのホテルまで引きあげたのでした。

グランドキャニオンの旅仲間

いよいよロサンゼルスの最終日。ふたつめの現地ツアーに参加するため、朝早くホテルを出て送迎の車に乗り込み、空港へと向かいます。

集まったのは日本人のツアー客、総勢20名。小さなプロペラ機での移動なので、ひとりずつ体重を量って、重量チェックをしてからの搭乗です。安全な飛行のためとはいえ、人前で体重を量るのはやっぱり恥ずかしい……。

離陸してから約1時間。プロペラ機ならではの小刻みな揺れにも慣れてきた頃、窓の外に近づいてきたのは、グランドキャニオンの壮大な景色！　でも、初めてグランドキャニオンを目にしたときの感動を味わうため、はやる気持ちを抑えてここはグッと我慢。窓から目をそらして、着陸を待ちます。

飛行機を降りるとそこからバスで移動し、まずは全員での昼食タイム。「ザ・観光地！」といった雰囲気のロッジ型レストランで、ビュッフェスタイルの食事です。もちろん、昼食代はツアー代金にコミコミ。

しかし、顔見知りがひとりもいないというこの状況で、お座席自由のビュッフェランチ。

実はものすごーく人見知りの私にとって、コレは罰ゲームのようなシチュエーションです。普段なら絶対にソワソワしてしまうところですが……そこは旅のマジック！　大自然の中で気まで大きくなっていたのか、女の子ふたり組と、私と同じひとり旅女子に声をかけ、同じテーブルで一緒にご飯を食べることに。こうして知らない人に自分から声をかけるなんて、生まれて初めてかも！

女子が4人集まれば、すぐガールズトークに花が咲きます。旅のこと、仕事のこと、恋愛のこと、結婚のこと……さっき会ったばかりとは思えないほど、話は大盛り上がり。

そしてこのとき発見したのが、「旅好き女子あるある」！

その場にいた女子全員が口をそろえて言っていたのが「いつか行くであろう新婚旅行のために、ここぞという場所は行かずにとってある」ということ！　なんて可愛い乙女心（笑）。

さらには、旅に関するこんな会話も。

「結婚して子どもできたら自由がなくなるし、今のうちに旅しなきゃね！」「でもさぁ……**この先も、ずっと自由だったらどうする…？**」「ぎゃーーー!!　怖い!!!」

旅好き女子も、いろいろと考えているのです（笑）。

この経験がきっかけで、私は初対面の人と話すことが苦ではなくなりました。それまではどうしても勇気が出なかったり、人のリアクションを気にし過ぎて上手く話せないところがありましたが（全然そうは見られないけど）、自分から飛び込んで心をオープンにしてしまえば相手も応《こた》えてくれるということを、このとき初めて実感できたのです。

人見知りだった私にとって、これは本当に大きな収穫！　人に嫌われたくないと思うとなかなか心を開けないけど、「別にどう思われてもいいや」って思うと気持ちが楽になるし、結果その方が上手くいったりしますよね（笑）。

それに、いつも自分が心地良い人間関係の中にだけいたって成長はできない。いろんな人と積極的に交流できるようになったことで、私は意外にも「嫌いな人」というのがいなくなりました。そもそも自分と他人なんて価値観が違って当たり前。自分が他者を「嫌い」だと思っても、それは自分の価値観に相手を当てはめて、ダメ出ししているに過ぎないんですよね。それに気が付いてからは、すごく心が楽になったなあ。

そしていよいよ、グランドキャニオンへ……!!

腹ごしらえを済ませると、バスはいよいよグランドキャニオンへ！　大きな期待で胸が膨《ふく》らみます！　そんなとき、ワクワクして浮かれている私たちに、LiLiCoさん風のやたらハイテンションな日本人ガイドさんが、見学の注意点を話し始めました。

「皆さ〜ん！　これからグランドキャニオンを観光するにあたって注意していただきたいことがあります！　ここは日本の観光地のようにどこでも柵《さく》があって安全というわけではありません！　勝手に危険な場所に近づいて落ちたら、自己責任ということになっちゃいま〜す！」

明るいトーンで繰り出される、シビアなトーク。思わず固まるツアー客一同。それを尻目に、LiLiCoさんは明るく続けます。

「以前、こんなことがありました。アメリカ人のおばさんが、崖っぷちに腰かけて、足をブラ〜ンってしながらお弁当を食べていらっしゃったんですね。危ないなぁとは思っていたんですが、次の瞬間、見たらね、そこにいらっしゃらないんです。で、崖に近づいて下を見下ろしてみたら……**なんとはるか下にいらっしゃいました〜！**」

バスの中は全員ドン引き。

しかし、自己責任を強調するということは、それだけ気をつけて観光しなければならないということ。しかも落ちてしまった場合、捜索にかかる費用は遺族に請求されるんだとか。

たった４日間でもLAを十分に満喫。やっぱりひとり旅って最高！

万が一のことがないよう、気を引き締めなければ！

いよいよ、バスはグランドキャニオン国立公園に到着。公園内に入り、みんなでぞろぞろとガイドさんについて行くと、その視界に、だんだんと信じられない絶景が広がってきます。

それを目の前にした瞬間、思わず身体の奥底から言葉にならない声が!!

「☆×○△■～ｋｚｗるご～!!!!」

我を忘れて叫んでしまうほどの、圧倒的な大自然。自分の中に眠っていた本能が呼び覚まされるような、完全なる解放感！　映画『アバター』の中で目にしたようなその大峡谷《だいきょうこく》は、あまりにも壮大で、地球という星の偉大さを改めて思い知らされました。

勢いでロサンゼルスに来てしまったけど、まさか最後にこんなにも感動的な経験ができるなんて!!　私、本当にＬＡに来て良かった～！

突然決めた短い旅だったけど、いろんな出来事があって、いろんなことを感じて、ひとりでも前のめりに楽しんだ、最高に濃い４日間。日本に帰る飛行機の中、今回の旅のことを思い返していると、その充実っぷりに、今までにない達成感に包まれたのでした。

読者のみなさまへ

本書に記載された内容は、著者の個人的な体験によるもので、すべての方に同様の旅行を保証するものではありません。

ひとり旅行を実行される際には、安全な渡航と滞在の目的に合わせて、十分な情報収集や対策に努めてください。

なお本書は、２０１３年12月に小社より刊行された『世界をひとりで歩いてみた』を加筆・修正したものです。本文で紹介した施設や店舗、スマートフォンアプリなどは、現在では休止された場合もありますので、利用の際にはあらためてご確認くださるようお願いいたします。


（編集部）

世界《せかい》をひとりで歩《ある》いてみた

一〇〇字書評

切り取り線

購買動機（新聞、雑誌名を記入するか、あるいは○をつけてください）	
□（　　　　　　　　　　　）の広告を見て	
□（　　　　　　　　　　　）の書評を見て	
□ 知人のすすめで	□ タイトルに惹かれて
□ カバーがよかったから	□ 内容が面白そうだから
□ 好きな作家だから	□ 好きな分野の本だから

●最近、最も感銘を受けた作品名をお書きください

●あなたのお好きな作家名をお書きください

●その他、ご要望がありましたらお書きください

住所	〒				
氏名		職業		年齢	
新刊情報等のパソコンメール配信を 希望する・しない	Eメール	※携帯には配信できません			

あなたにお願い

この本の感想を、編集部までお寄せいただけたらありがたく存じます。今後の企画の参考にさせていただきます。Eメールでも結構です。

いただいた「一〇〇字書評」は、新聞・雑誌等に紹介させていただくことがあります。その場合はお礼として特製図書カードを差し上げます。

前ページの原稿用紙に書評をお書きの上、切り取り、左記までお送り下さい。宛先の住所は不要です。

なお、ご記入いただいたお名前、ご住所等は、書評紹介の事前了解、謝礼のお届けのためだけに利用し、そのほかの目的のために利用することはありません。

〒一〇一-八七〇一
祥伝社黄金文庫編集長　吉田浩行
☎〇三（三二六五）二〇八四
ohgon@shodensha.co.jp

祥伝社ホームページの「ブックレビュー」からも、書けるようになりました。
http://www.shodensha.co.jp/bookreview/

祥伝社黄金文庫

世《せ》界《かい》をひとりで歩《ある》いてみた
女《おんな》30にして旅《たび》に目《め》覚《ざ》める

平成28年4月20日　初版第1刷発行

著　者　眞《ま》鍋《なべ》かをり
発行者　辻　浩明
発行所　祥伝《しょうでん》社《しゃ》
〒101－8701
東京都千代田区神田神保町3－3
電話　03（3265）2084（編集部）
電話　03（3265）2081（販売部）
電話　03（3265）3622（業務部）
http://www.shodensha.co.jp/
印刷所　萩原印刷
製本所　ナショナル製本

ISBN978-4-396-31692-1 C0195

祥伝社黄金文庫

川口葉子　京都カフェ散歩

とびっきり魅力的なカフェが多い京都。豊富なフォト&エッセイでご案内します。

川口葉子　東京カフェ散歩

カフェは、東京の街角を照らす街灯。人々の日常を支える場所。街歩きという観光の拠点。エリア別マップつき。

コイケ・ケイコ&チョン・ウンスク　ソウルでキレイになってやる

好奇心いっぱいの痩身旅行。食いしん坊のふたりは、なんと「焼き肉禁止」を固く心に誓った!

小林由枝《ゆきえ》　京都でのんびり

知らない道を歩くと、京都がますます好きになります。京都育ちのイラストレーター、とっておき情報。

小林由枝　京都をてくてく

『京都でのんびり』の著者が贈るお散歩第二弾! ガイドブックではわからない本物の京都をポケットに。

杉浦さやか　ベトナムで見つけた

人気イラストレーターが満喫した散歩と買い物の旅。カラーイラスト満載で贈る、ベトナムの楽しみかた。